Digital Frontier

デジタル・フロンティア

米中に日本企業が勝つための

「東南アジア発・新しいＤＸ戦略」

坂田幸樹 Kohki Sakata

PHP

はじめに

変わりつつある「デジタルの最先端」

なぜ米国や中国より、東南アジアから学ぶべきなのか

本書のテーマは、**「デジタル・フロンティアで起きているイノベーションから、日本が変革するためのヒントを得ること」**である。

デジタル・フロンティア、つまり「デジタルの最先端」というと、米国や中国を思い浮かべる読者が多いのではないだろうか。

実際、米国のシリコンバレーは多くのスタートアップを生み出し、グーグルやアップルなどは日本にいる私たちの生活さえも大きく変えた。中国も電子マネーや信用スコアなど

デジタルの最先端を走っており、世界を代表するイノベーション都市となった深圳《しんせん》には、数年前から自動運転タクシーが走っている。

しかし、本書で紹介するデジタル・フロンティアとは米国でも中国でもない。それは「東南アジア」である。

もちろん、米国や中国がデジタルの最先端であることは確かである。しかし、米国や中国のイノベーションについて、私たち日本人が学ぶことはどれだけあるのかと考えたとき、東南アジアから学ぶことのほうが圧倒的に多いというのが、私の考えだ。

日本停滞の理由は「既得権益」

日本が停滞しているといわれて久しい。そして、**その停滞の本質的な問題とはずばり、既得権益を生み出しているさまざまな制度**である。

少子高齢化による労働力不足や社会保障費の増大などが日本の本質的な問題のように語られがちだが、一方で、世界には人口増による食糧不足や失業率の上昇で頭を抱えている国がたくさんある。日本はそうした問題を解決してきたことで、先進国の地位を手に入れた。

要は、環境の変化が問題なのではなく、環境に適応できなくなっていることが、日本の最大の問題なのである。そして、それを阻害しているのが、さまざまな制度によって守られている既得権益である。

たとえば諸外国に比べて高い業界の参入障壁や、デジタルによる新しい仕組みを導入しようとする際の手続きの煩雑さ、あるいは実証実験に対するハードルの高さといったものである。これらの多くは、旧来型の企業や零細企業を守るために設けられている。

なお、ここでいう制度には法律や規制、人事制度や組織図のような形式制度のみならず、社会的な規範、文化的な信念など、明示的に規定されていない非形式制度も含む。そして、日本の既得権益を支えているのは多くの場合、非形式制度なのである。

たとえば、戦後の高度成長期に非形式制度となった終身雇用は、正規社員の既得権益を生み出している。また、年功序列は、勤続年数が長い社員ほど高い地位や報酬を得ることができるという既得権益を発生させた。これらが雇用の流動性を阻むとともに、挑戦する風土を失わせ、日本企業でイノベーションが起きにくくなっている要因の一つになっている。

あるいは、全国1700以上の地方自治体に分散する戸籍データベースもまた、既得権益だといえるだろう。

これがあるため、マイナンバー一つ導入するのに日本を代表する頭脳たちが苦戦を強いられている。

やはり既得権益に縛られている東南アジア

こうした既得権益は、トップダウンでの変革をしやすい米国や中国で問題になることはあまりない。しかし、東南アジアは違う。国による程度の差こそあれ、日本と同等か、ひょっとするとそれ以上の既得権益が、世の中を縛っている。

基礎インフラが整っていない新興国では、いわゆる「リープフロッグ現象」が起きるといわれる。固定電話が普及していなかったがために、携帯電話が先進国よりも一気に広まるといった逆転現象を指す。

確かに、東南アジアもB2Cに関してはそのような側面はあるが、ことB2Bについては日本と同じように中小企業や零細企業が多く、変革を阻む多くの既得権益が存在している。

しかし、それをデジタルの力で見事に突破する事例が数多く現れている。

本書で扱う東南アジアの先端事例は、いわば**「ボトムアップのイノベーション」**だ。ただ**単にデジタル技術を使うのではなく、現場の地道なオペレーション改善を通してデータを取得し、そのデータの力を使って既得権益を壊し、産業全体の変革を起こしている**というものである。

企業名を挙げれば、シンガポールのスワット・モビリティ（SWAT Mobility）、インドネシアのゴジェック（Gojek）などである。こうした企業は米国のGAFAMや中国のBATといった巨大プラットフォームではないが、地域に根差したボトムアップによるイノベーションで、社会を確実に変えつつある。

だからこそ、同じく既得権益に悩む日本にとって、GAFAMやBAT以上に参考になるはずだ。

なお、本書で扱っている事例の一部は報道などから取ったものもあるが、その多くは著者自らが直接経営者などから話を聞き、取材し、体験したものだ。

⁘デジタル・フロンティアでの「ある一日」

私は10年ほど前から東南アジアを拠点に活動しているが、その間に起きた変化は劇的なものである。

具体的な事例として、シンガポールのオフィスからジャカルタに出張するまでのある日の道程を紹介しよう。

まず、オフィスから空港に移動するために「グラブ」(Grab)というアプリを立ち上げ、配車サービスを選択する。そして、アプリに行き先となるチャンギ空港ターミナル4を入力し、車種を選択する。オフィスの住所は記憶されているので、わざわざ入力し直す必要はない。

後は、アプリの指示にしたがって、指定された時間に乗り場へ移動すればよい。目の前に到着した車に乗り込めば、後は目的地も言わずに運んでくれる。登録してあるクレジットカードで自動決済されるので、到着してから支払いをする手間もない。

チャンギ空港では出発まで少し時間があるので、空港内のフードコートで食事をすることにする。どの店にも専用端末があるのでそれで注文し、決済はスマホですませることができる。

ジャカルタのスカルノ・ハッタ空港に到着したら、またグラブを立ち上げる。同じアプリだが、インターフェースはインドネシア仕様に自動的に切り替わっている。入国手続きをしながら、宿泊先のホテルを行き先に指定する。

新興国でありがちなのが、タクシーの値段交渉である。しかし、これも予約時に固定運賃を選択すれば、金額の心配をする必要はない。運転手はインドネシア語でチャットしてくるが、自動的に英語に翻訳されるのでコミュニケーション上の問題もない。料金もシンガポールと同じく、クレジットカードで自動決済されるから、シンガポールドルからインドネシアルピアへの両替も必要ない。

ホテルに着いたらすでに遅い時間で、ルームサービスで頼める料理の種類が限定されていた。そこでまたグラブを立ち上げて近くの屋台に料理を注文すると、30分ほどでホテルまで届けてくれた。もちろん登録したクレジットカードで自動的に決済される。

翌朝起きてホテルの周りを散策し、近くの小さな売店、いわゆる「パパママショップ」で飲用水を購入。こんな小さな店でも、グラブを使ってQR決済ができる。

✖ 単に「便利になった」だけの改革ではない

10年前のジャカルタ出張と比較して、グラブというアプリに代替されたのは次のような活動である。

・シンガポールのタクシー乗り場でのタクシー待ち
・シンガポールのタクシーや空港のフードコートでの現金決済
・シンガポールの空港でのシンガポールドルからインドネシアルピアへの両替

・ジャカルタの空港でのタクシー運転手との運賃交渉
・ジャカルタのホテルでのルームサービス
・ジャカルタのパパママショップでの現金決済

デジタル先進国と呼ばれるシンガポールはともかく、インドネシアですら、こうしたことが当たり前のようにできるようになっている。

しかも、この変化は単にユーザーにとって便利になった、というだけの話ではない。こうしたアプリは、サービスを提供している運転手やパパママショップの生活も大きく変えている。また、多くの既得権益があるサプライチェーンや街の運営にまで大きな影響を与えている。

デジタル・フロンティアである東南アジアでは、このような変革があらゆる領域で起き、社会のあり方を大きく変えている。

⁙本書の構成——日本で現場発のイノベーションが生まれるために

序章では、グローバル化がデジタル革命によって進展した結果として起きたリージョン化について解説する。

そのリージョン化に対応する中で、「なぜ新興国の事例が日本のＤＸに生かせるのか」について考える。

第１章から第４章では、「デジタル・フロンティアである新興国で起きているＤＸとは何なのか」について、東南アジアの具体的な事例を交えながら解説する。単なるオペレーション改善ではなく、社会全体の変革を起こすためのＤＸの考え方や進め方について、できるだけかみ砕いて解説している。

本書が事例集で終わらないように、第５章ではＤＸを成功に導くフレームワークとして「ＤＸの地図」を紹介する。

最後に、第６章では、「東南アジアからの学びを日本のＤＸに生かすための方法」について解説する。

元来、力を持っている日本の現場が、デジタル技術によってさらなる力を持ち、社会を変革するための方法について考察する。

本書が、皆さんが引き起こす身近なイノベーションを通して、日本が元気になるきっかけとなれば幸いである。

２０２３年７月

坂田幸樹

目次

『デジタル・フロンティア』

CONTENTS

第2章

「改善」だけではDXにはならない
――東南アジアのデジタルイノベーション

第3章 バラバラなデータに価値はない

第4章 「すべてをデータ化」で生まれるイノベーション

CONTENTS

第5章 DXを成功に導くフレームワーク

CONTENTS

序章

「GAFAM」を目指してはならない

——新興国のDXこそ日本が真似すべき理由

「半径5キロ圏内の問題解決」にチャンスがある

■確かにGAFAMやBATは強大だが……

「はじめに」でも述べたが、多くの人にとって「デジタル・フロンティア」というと最初に思い浮かべるのは、米国や中国の巨大企業だろう。

いわゆるGAFAM（グーグル、アップル、フェイスブック＝現メタ・プラットフォームズ、アマゾン、マイクロソフト）と呼ばれる企業のサービスを使ったことがない人はほとんどいないだろう。むしろ、生活に欠かせないという人のほうが多いはずだ。

中国のBAT（バイドゥ、アリババ、テンセント）は日本での知名度は低いかもしれないが、２０１０年代に中国人の生活を一変させた。

バイドゥ（Baidu）は中国最大の検索エンジン企業で、グーグルに相当する存在である。検索エンジンサービスの他にも、地図サービス、オンライン広告、クラウドサービス、人工知能などの分野にも進出している。また、バイドゥが主導し、トヨタ自動車も参画するアポロプロジェクトは、すでに複数都市での自動運転を実装している。

アリババ（Alibaba）は世界最大級のEコマース企業であり、主なサービスには、B2B取引を行うアリババ・コム、C2C取引を行うタオバオ、B2C取引を行うTモールなどがある。また、決済サービスのアリペイやクラウドコンピューティングのアリユンなども提供している。

テンセント（Tencent）は中国最大のインターネット企業であり、さまざまなサービスを提供している。主なサービスには、インスタントメッセンジャーサービスのウィーチャット、オンラインゲーム、ソーシャルメディア、オンライン広告などがある。テンセントは、ウィーチャットを通じて決済サービスのウィーチャットペイも提供している。

これらBATと呼ばれる企業がさまざまなサービスを提供したことで、一気に中国のデジタル化が進んだ。

中でもよく知られているのが「信用スコア」だ。アプリを通してユーザーのデータが収集されることで、購買行動や支払い履歴などから、その人の信用度（信用スコア）が算出されるようになった。

当初はお金を借りるときの信用情報として用いられていたが、それが社会のさまざまな場面で利用されるようになり（たとえば就職や婚活など）、信用スコアが低いと生活する上でさまざまな不都合が生じるようになった。

結果、誰もが信用スコアが上昇するよう善行を意識するようになり、中国人が数年間でとてもやさしくなったという話まである。

２０２０年12月末の世界時価総額ランキング（図０－１）を見てみると、これらの企業がいかに世界を席巻していたかが見て取れる。

中国政府の方針変更などもあり、２０２３年5月末の同ランキングではＢＡＴが姿を消しているが、依然としてこれら企業が強い影響力を持っていることは疑いようのない事実である。

図0-1　**世界時価総額ランキング**

2020年12月末

企業名	時価総額（10億ドル）
Apple	2,256
Saudi Arabian Oil	1,865
Microsoft	1,682
Amazon.com	1,634
Alphabet (Google)	1,185
Meta Platforms (Facebook)	778
Tencent	693
Tesla	669
Alibaba	631
Berkshire Hathaway	544

2023年5月末

企業名	時価総額（10億ドル）
Apple	2,788
Microsoft	2,442
Saudi Arabian Oil	2,031
Alphabet (Google)	1,563
Amazon.com	1,237
NVIDIA	936
Berkshire Hathaway	702
Meta Platforms (Facebook)	678
Tesla	646
Taiwan Semiconductor Manufacturing Company	470

出所：Capital IQ

✖ スタートアップ企業を増やせば、日本は本当に復活するのか？

かつては常連だった日本企業が時価総額ランキング上位から姿を消して久しい。そしてそれこそが、日本凋落の原因だといわれることも多い。

また、日本にいわゆるユニコーン企業（設立10年以内のスタートアップで、評価額10億ドル以上の未上場のテクノロジー企業）が少ないことも問題視されている。実際、２０２３年時点の日本のユニコーン企業数は世界18位（図０－２）と低迷している。そもそも、日本にはスタートアップ企業が少ないという問題もある。

では、かつてのように日本企業が時価総額ランキングに顔を出すようになれば、日本は復活するのだろうか。あるいは、ユニコーン企業を増やすべく、米国のシリコンバレーや中国の深圳を中心としたスタートアップエコシステムを日本でも構築すればいいのだろうか。

シリコンバレーや深圳がグローバルなスタートアップを次々と生み出しているのは事実である。しかし、シリコンバレーのスタートアップでユニコーンになれるのはごく一部で、

図0-2　国別ユニコーン企業数（2023年5月末時点）

出所：CB Insights

ランキング	国名	企業数
1	アメリカ	656
2	中国	171
3	インド	70
4	イギリス	51
5	ドイツ	29
6	フランス	25
7	イスラエル	24
8	カナダ	21
9	ブラジル	16
10	韓国	14
10	シンガポール	14
14	インドネシア	7
18	日本	6

その背後には無数の失敗したスタートアップが存在していることを忘れてはならない。また、中国には電気自動車メーカーだけで300社以上あるといわれているが、その中から生き残れるのは数社だろう。

米国のように世界中から優秀な人材が集まってきたり、中国のように14億人もの人材がいて熾烈《しれつ》な競争を繰り広げたりすることができれば、このような多産多死型の産業育成は可能だ。しかし、少子高齢化で人口が減少している日本が採るべき方針として、果たして最適だといえるのか。

日本の経済規模は世界第3位だからと

いって、第1位の米国や第2位の中国を追いかける必要はないのではないだろうか。

※「リージョン化」へと向かう世界

日本が米国や中国を追いかけるべきではないもう一つの理由は、世界の潮流の変化である。具体的には今、**世界は国際化からグローバル化、そしてリージョン化の時代へと変遷を遂げている**（図0－3）。

国際化の時代とは、国境を維持した状態でモノの取引を中心に行っていた時代を指す。代表的な産業は自動車や黒モノ家電で、その時代には日本企業が世界を席巻した。国際化の時代には現地の顧客に合わせて製品を作ることよりも、よい製品を大量に安く作ることが重要だった。そのためには、無理に現地化をする必要はなく、日本人の経営の下、世界中で同じようなモノを作ることに意味があった。

次に起こったのは**グローバル化で、国境なくボーダレスに人・モノ・カネ・情報などが取引される時代**が訪れた。

図0-3　国際化、グローバル化、リージョン化の特徴

	❶ 国際化	❷ グローバル化	❸ リージョン化
概要	・国際的にモノを取引	・グローバルかつボーダレスに人・モノ・カネ・情報を取引	・リージョンで人・モノ・カネ・情報を**共有**
事業の定義	・何を	・誰に ・何を	・誰に ・何を ・**どうやって**
主要プレイヤー	・自動車メーカー ・黒モノ家電メーカー	・グローバルIT プラットフォーム	・スーパーアプリ ・ローカル財閥

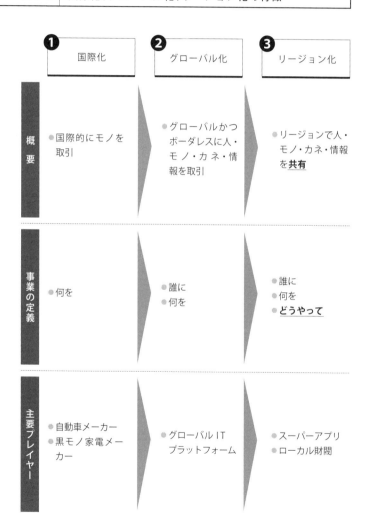

グローバル化の時代には、顧客に合わせてサービスを設計することが重要で、GAFAMに代表されるITプラットフォームが世界を席巻した。これらの企業は情報を集約することで、国家に匹敵するほどの力を持つようになった。

グローバル化では国という概念が希薄になる。そのため、提供されるサービスは全世界共通のものとなる。米国にいても日本にいてもアフリカにいても、同じインターフェースで同じようなサービスが受けられる。

また、経営に関しても本国スタッフによる経営ではなく、多様性に富んだマネジメントが求められるようになった。また、世界中どこにいても働くことができるようになったため、ジョブ型の人事制度が一気に浸透した。

近年、安全保障上の理由で、食料やエネルギーの自給率を高めるなどの活動が世の中に増えてきていることから、グローバル化が退化しているという見解もあるが、そのようなことはない。デジタル革命が起きたことで、個人が少人数でもできることが増え、後述のように地域特性に合わせたサービスが世界中で次々と立ち上がっていることがその本質だ。

スマホが東南アジアを一変させた

そして現在、そのデジタル革命が一気に進んだことによって、グローバル化が発展する形で「リージョン化」が進展しつつある。**リージョン化とは、全世界共通のサービスではなく、その地域ごとの特性に合わせたサービスを提供し、問題解決を図るというもの**である。その対象となるのは、交通や医療、農業といったローカル産業である。

これらの産業では、**人が介在する「地上戦」とデジタル技術による「空中戦」の融合**がない限り、イノベーションを起こすことはできない。そこで活躍するプレイヤーはグローバル大企業ではなく、現地のスタートアップ、あるいは現地企業や財閥などがその主体となる。

その流れを決定づけたのが、スマホ革命である。スマホの登場によって多くの産業で変革が起き、人々の生活が変わりつつある。

たとえば、私が東南アジアに移住した2010年代初頭には、多くの東南アジア諸国においてEコマースはまったく浸透していなかった。インターネットの普及率の低さに加え、銀行口座の保有率の低さもネックとなっており、今後もEコマースは普及しないだろうといわれていた。

しかし、スマホ革命によって東南アジアの大多数の人々がインターネットを利用するようになり、食事の宅配から医師による遠隔診療や薬の処方まで、さまざまなサービスを受けられるようになった。

特に近年のコロナ禍を経て、東南アジア諸国のデジタル化は加速度的に進展した。先日訪れたインドネシアの現地のカフェでは、現金での支払いを断られた。ユニコーン企業が保有するビッグデータを活用する形で道路やビルが次々と開発され、街としての利便性が一気に高まっている。

⌘スーパーアプリ「ゴジェック」とは？

では、東南アジアで起きているイノベーションにはどのような特徴があるのだろうか。

図0-4　ゴジェックのアプリ画面。さまざまなサービスを受けることができる。

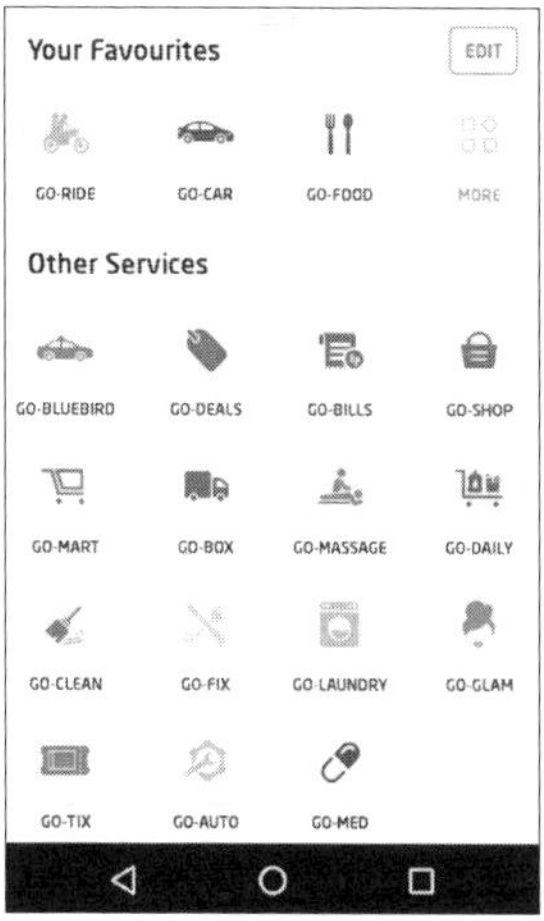

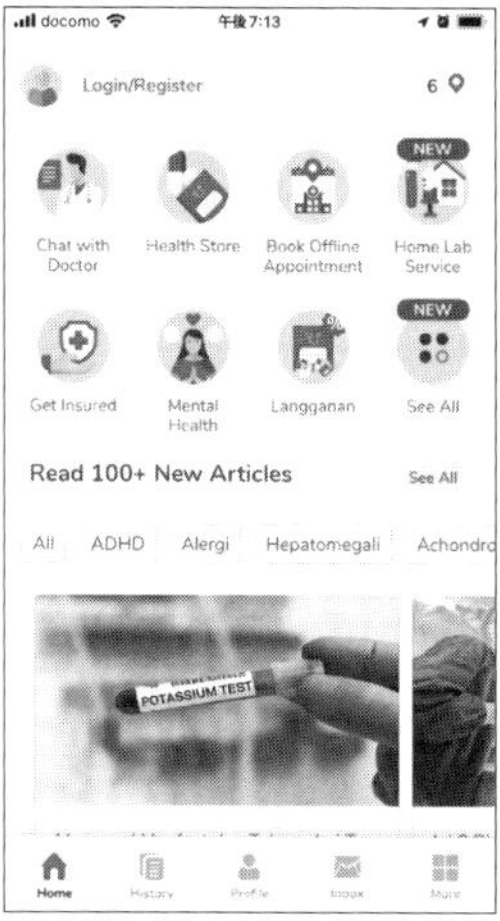

ひと言でいうと、**東南アジアのイノベーションは「半径5キロ圏内の問題解決」から生まれている**点に特徴がある。

　図0−4の左側はインドネシアを代表するユニコーン企業であるゴジェック(Gojek)のアプリ画面である。ゴジェックはオートバイの配車アプリから事業を開始させ、その後、自動車の配車、食事や商品の注文・配達、清掃員やマッサージ師の手配など、次々とサービスの拡張を図ってきた。

　たとえば、GO−MEDという医療サービスを選択するとhalodocというアプリ(図0−4の右側)が立ち上がる。これにより、遠隔で医師の診察を受けることができる上に、診察後に薬を配送してもらうこともできる。

また、GO-SHOPというお買い物サービスを選択すると、バイクドライバーがお店に買い物に行って商品を届けてくれる。お目当ての商品が売り切れている場合には、「代わりに類似商品ではどうか」などとバイクドライバーが提案もしてくれる。

つまり、家にいながらにして、生活に必要なさまざまなサービスを受けることができるのだ。このように、多くのサービスを提供するアプリは「スーパーアプリ」と呼ばれている。

「社会にやさしいイノベーション」が生まれる

そして、このスーパーアプリが実現しているのが、消費者の「半径5キロ圏内の問題解決」なのである。

というのも、ゴジェックが提供するサービスの大半は、ユーザーと地域にすでに存在している人や店をつなぐものだからだ。リモートで診療を行うのは地域の診療所だし、モノを販売してくれるのは地域のパパママショップ（個人経営の小型店舗）だし、移動をしたいときにやってきたり、パパママショップからモノを運んできたりするのはすぐそばを走っていたバイクタクシーである。

さらに、バイクドライバーの質を改善するためのトレーニングなども実施されている。ゴジェックはRifat Drive Labsという外部企業と連携することでドライバーに無償で運転技術に関するトレーニングを実施している。また、Bengkel Belajar Mitraというトレーニングプログラムにより、ユーザーと会話するための英会話やオートバイのメンテナンス方法なども教えている。

この**「半径5キロ圏内の問題解決」が対象にするのは、ユーザーの問題だけではない。地域全体の問題を解決することにつながっている**のだ。

パパママショップの店主は、直接お店に来る消費者以外に、スーパーアプリを通して新たな消費者にリーチすることができるようになった。そしてもちろん、これまで通り地域の消費者も直接お店に買い物に来る。つまり、パパママショップにとって、ゴジェックというアプリはプラスにこそなれ、マイナスになる要素はまったくない。ここが、アマゾンなどとの大きな違いである。

さらに、バイクタクシーのドライバーたちは、トレーニングを受けることで自らのスキルを高めることができる。これは彼らの収入アップに大いに貢献することだろう。

また、スーパーアプリはただ単に半径5キロ圏内の問題解決をしているだけではなく、その過程で得たデータを有効活用することで、サプライチェーン改革や金融改革なども先導している。これについては後にお話しすることにしたい。

このように、**スーパーアプリはもともとあったものを何も破壊せずにデジタル技術を活用して地域を活性化している。「社会にやさしいイノベーション」を起こしている**と言っても過言ではないだろう。

⌘ 衰退する日本の地方、「昭和」が残るインドネシア

残念ながら現在のところ、日本にはこうしたスーパーアプリは存在していない。

そして今、日本全国で地域の商店の衰退が叫ばれている。

私の100歳になる祖父は、少し前まで地方都市で一人暮らしをしていた。その地域はかつて多くの家族が住んでいた住宅街だったが、今では空き家が増え、地域の小売店や診療所もつぶれてしまった。

少し離れたところにある大型ショッピングモールに行けばすべて揃ってはいるが、タクシー以外の移動手段はない。かといって食材や生活用品の配送サービスもない。

これは私の祖父が住んでいる地域固有の話ではなく、私の実家がある県でも同様の現象が見受けられる。国道沿いに大型のショッピングモールや小売・外食チェーン店が乱立している一方、駅前などの商店街はシャッター街と化している。

多くの地方都市で、かつては活気にあふれていた駅前の商店街や住宅地の近くの個人経営の小売・外食店が廃業している。私の祖父同様、自分で車を運転しない人たちにとっては極めて生活しづらい状況といえるだろう。

また、生活の不便さに加えて、**これらの地域では今、コミュニティが消失**している。かつては商店街を中心としたコミュニティが存在していて、地域全体が連携していた。また、子供たちは駄菓子屋などに集まり、独自のコミュニティを形成していた。それが地域の活力を生み出していた。

インドネシアのパパママショップでは、夜になると地域住民が集まって、ゲームをしたりして楽しんでいる姿をよく見かける。その姿はまるで、かつて昭和の日本で、テレビのある家に近隣の住民が集まって野球中継を観戦している光景を見ているかのようだ。

改めて、国際化、グローバル化とリージョン化の概念を図0－5に整理してみよう。

リージョン化の時代に必要とされるのは、交通や医療、農業などのローカル産業に存在している問題を、リアルとバーチャルの連携で解決することである。モノや人（リアル）による地上戦だけではなく、バーチャル空間における空中戦だけでもなく、双方の情報を集め、組み合わせることで、地域の問題解決を図る。

そして、その中心にいるゴジェックやグラブなどのスーパーアプリは東南アジアというリージョンで運営され、国やエリアごとにサービスが細かく切り替わるような仕様になっている。

こうした半径5キロ圏内の問題解決こそ、日本と東南アジアがリージョン一体となって起こせるイノベーションだと私は考えている。

図0-5　国際化、グローバル化、リージョン化の変遷

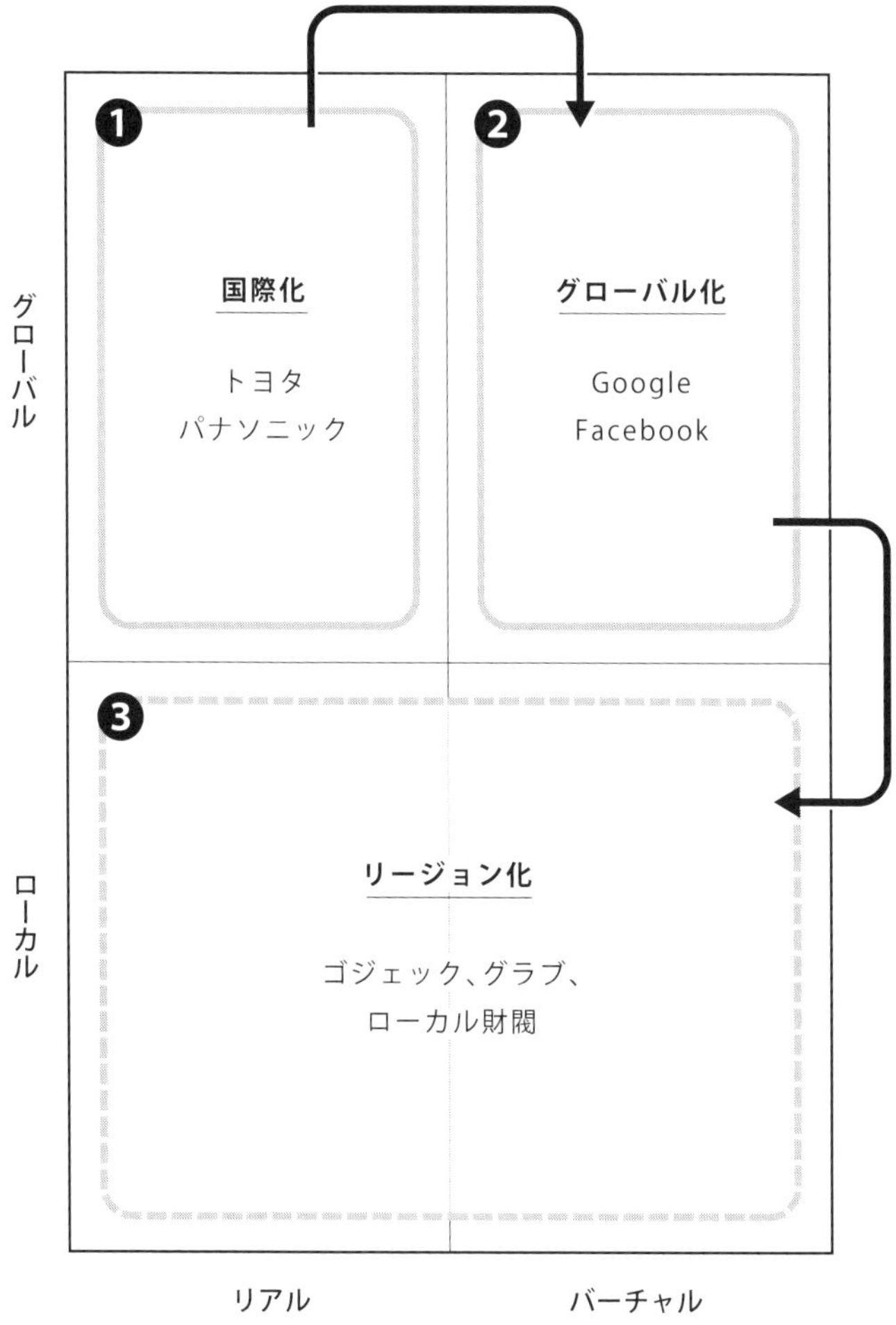

「リープフロッグ現象」はどこでも起こりうる

✖ インドネシアで起きた「リープフロッグ」

リープフロッグ現象という言葉を聞いたことがあるだろうか。既存インフラが整っていないことで、一足飛びに社会に変革が起きることを指す。前述したように、固定電話のインフラが整っていなかったことで、アフリカなどで携帯電話が一気に普及したことなどがその代表的な例として挙げられることが多い。

東南アジアにおいては、銀行取引においてこのリープフロッグ現象が起きた。インドネシアのそれと日本を比較したのが、図0－6である。

図0-6 インフラが整っていないことで起こるリープフロッグ現象

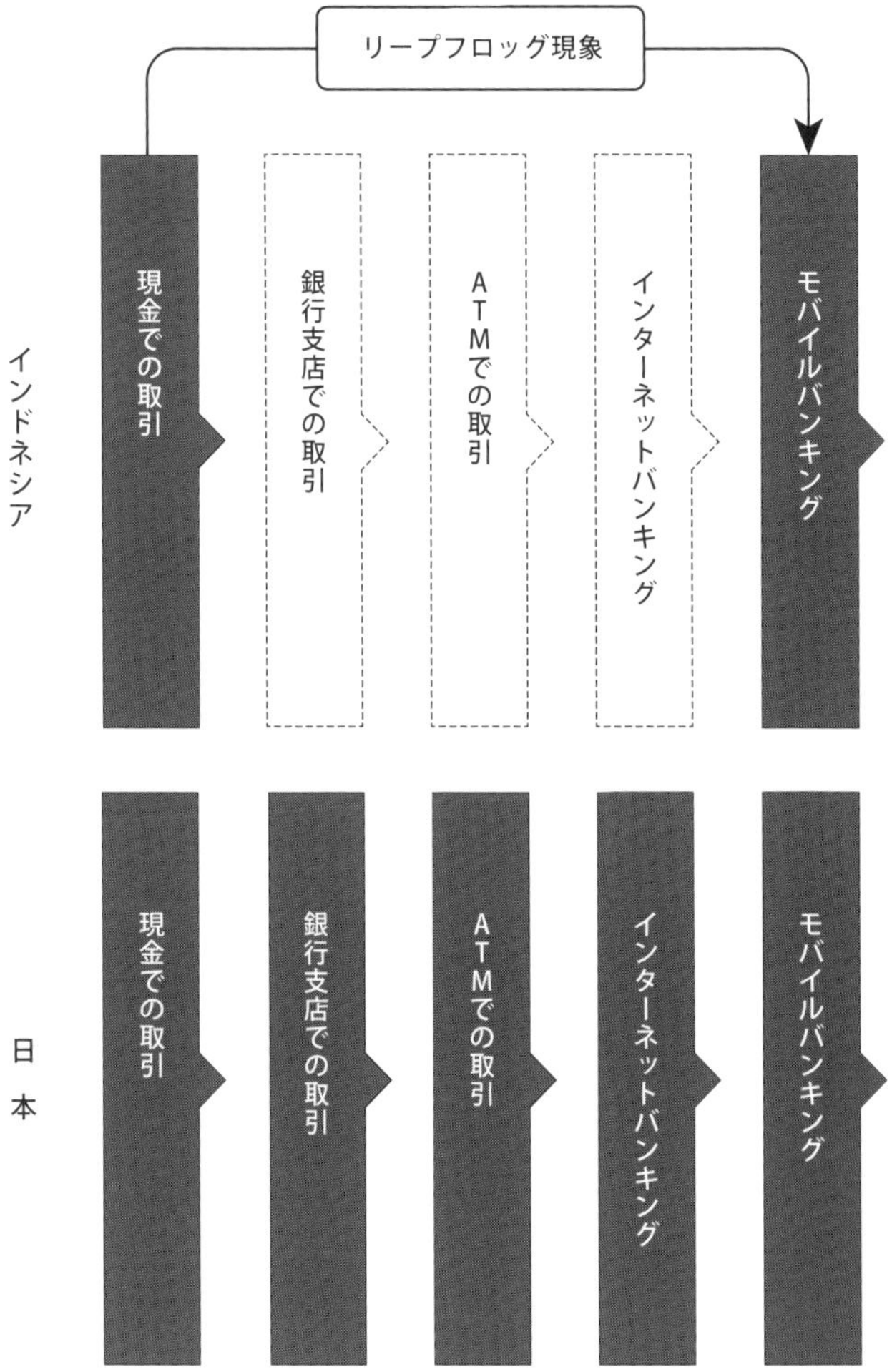

日本における銀行取引は、現金取引から銀行支店での取引、ATMでの取引、インターネットでの取引という順番で進展してきた。

インターネットやモバイルバンキングの普及に伴い、現在、日本の銀行では支店の閉鎖が進められている。しかし、そこで働いていた多くの従業員をどうするかという課題があるし、長年、支店に直接出向いて取引をしていた顧客は、今さらその習慣を変えることはなかなかできない。いくら銀行の経営陣がすべてをモバイルバンキングに移行したいと思っても、不要となるインフラを一朝一夕になくすことはできない。

一方で、日本よりも銀行口座の普及が遅れていた東南アジア諸国では、現金取引から一気にモバイルバンキングに移行している。銀行口座を持たなくてもフィンテック企業のEウォレットを保有すれば、スマホ一つでお金を貯めて決済をすることができるようになったからだ。

その結果として、多くの東南アジア諸国のモバイルバンキング事情は日本より進んでいる。シンガポールはもちろんのこと、インドネシアやタイではスマホ決済は日本以上に進んでいる印象があるし、ベトナムやフィリピンといった国々でも急速に進展しつつある。

■「ハコモノ」がボトルネックとなる

このスピードの差は「ハコモノとソフトウェアの違い」ということもできる。**ソフトウェアのよいところは、物理的なインフラ構築を伴わないので、不要になった機能は削除すればよく、リアルタイムに改善を反映することができる**ことである。東南アジアでは、そのようなソフトウェアの特性を生かして、さまざまな改革が日進月歩で起こっている。

一方、「ハコモノ」は一度作ってしまうと、そう簡単に変えることができない。日本の高度成長期にはインターネットやスマホが存在しなかった。したがって、何らかの変革を起こすことは、物理的なインフラを整備することに他ならなかった。

1972年に田中角栄氏が発表した「日本列島改造論」の主旨も、日本列島を高速道路や新幹線などで結び、列島全体の工業化を促進するというものである。それに牽引《けんいん》される形で、日本列島改造ブームが起き、不動産の買い占めによる地価高騰が起きた。

ここでその賛否を問うつもりはないが、当時は人々の生活を変えるには、物理的なインフラ構築が不可避だったということである。

✖イノベーションを起こすのに、巨大施設はいらない

このような話をするとよく、「日本では高齢者がインターネットを使えないので、こうした変革は難しい」ということをいわれる。

しかし、本当にそうだろうか。

世界銀行によると2021年時点の日本のインターネット普及率は83％である。東南アジア諸国と比較しても、若年層が多いベトナム、インドネシアやフィリピンよりもインターネット普及率は高い（図0－7）。

しかも、インターネットを使っているのは若年層だけではない。地方都市に住んでいる私の両親や親族はいずれも、スマホやインターネットを使いこなしている。

東南アジア諸国と同レベルのリープフロッグは無理だとしても、スマホを使った地域の変革は十分に可能だと思われる。

しかし、残念ながら私が地方都市で目にするのは、昭和の時代と変わらないハコモノの

図0-7　**国別インターネット普及率**（2021年）

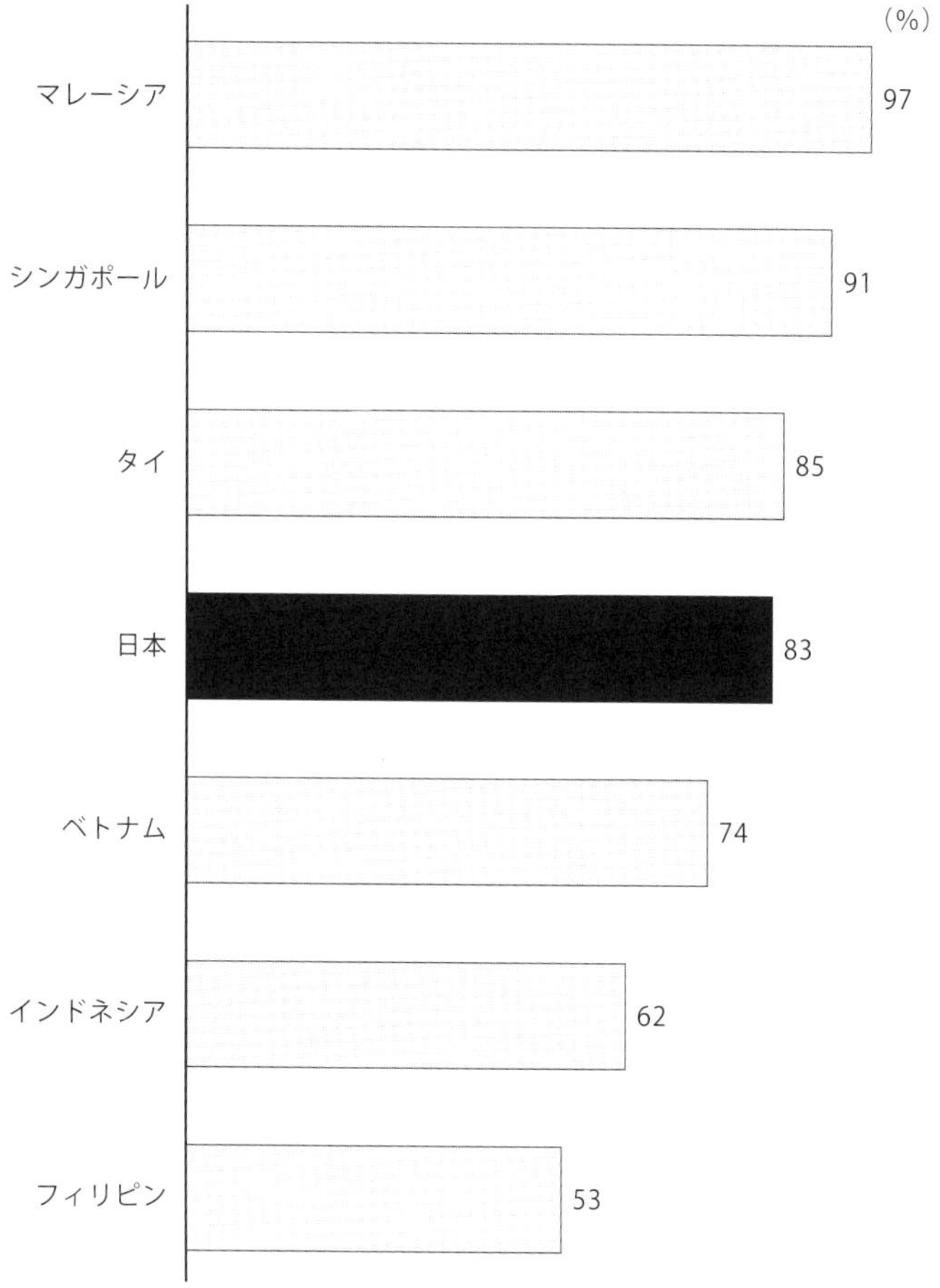

出所：The World Bank

建設ばかりだ。私が最近訪れた東北地方のある都市には、どう考えても不釣り合いなほど大きなイベントホールが建設されていた。人口数万人の市にすぎない私の実家の近くにも巨大なメッセが完成し、1万人規模のコンサートやイベントが開催可能となった。

ハコモノを建設することで一定の雇用を生み出し、大規模なイベントが増えることにより経済効果も見込めることは確かだろう。しかし、デジタル革命後の**リージョン化の時代には、より小さな規模かつ安価で実施でき、より波及効果が大きいイノベーションを誰でも起こすことができる。**

「既得権益」がこの国をがんじがらめにしている

なぜ、日本では東南アジアで起きているようなリープフロッグ現象が起きないのだろうか。

前述の通り、多くのレガシー（遺産）が存在していることがその大きな理由である。一度構築したレガシーがあると、それを破壊して新しいものを作るには、多大なエネルギーを必要とする。

たとえば、皆さんが住んでいる街の利便性を高めるために、新たな生活道路を建設するとしよう。そのためにはまず、住民や企業に立ち退きを促し、必要な土地を購入する必要がある。その後、既存の建物や道路を壊して初めて、新たな道路の建設を進めることができる。しかも、一人でも立ち退きに合意しなければ、当初想定した通りの生活道路を建設することは難しくなる。

また、前述のグラブのようなライドシェアサービスを日本で導入できないのも、既得権益を有する既存プレイヤーによる反対のせいである。日本でライドシェアサービスが一気に広まったら、ユーザーにとっての利便性は高まるが、競争の激化によって廃業に追い込まれるタクシー会社が続出するだろう。グラブが乗り合いバスサービスを低価格で提供し始めたら、地域のバス会社の経営にも甚大な影響を及ぼすことになる。

そもそも、人間は変化を嫌う。そして、変化を阻害する最たるものは既得権益といえる。本書でいう既得権益とは「組織や個人が、過去の経緯や慣習、法的根拠などに基づいて、すでに獲得している権利と利益」を指す。仮に組織や個人に悪意はなくても、既得権益は変化をする際の大きな抵抗要因になる。

今の日本はこの既得権益にがんじがらめにされているといえるだろう。

デジタルで既得権益を乗り越えつつある東南アジア

では、東南アジアのような新興国には既得権益がまったくないのだろうか。決してそのようなことはない。人が社会的活動を営めば、そこには必ず既得権益が発生し、特質として変化を嫌うようになる。

たとえば、前述のパパママショップは、より大きな小売店や卸問屋で商品を購入して、自分の店舗で販売をしている。それは非効率で高コストだからと、より便利なオンラインの購買プラットフォームを用意したところで、誰もすぐには使わない。なぜならば、既存の商流には既得権益が発生していて、パパママショップ側が望んでも簡単には購入ルートの切り替えができないからである。

では、東南アジアではどうやって既得権益の壁を乗り越えているのだろうか。それこそが本書のテーマである「デジタルの力」である。

個別のパパママショップがあらがっても大した力は持てないが、1万店舗、10万店舗のパパママショップを結集させることができれば、それが力となりやがて既得権益を打破することができる。

一つひとつの力は小さくても、デジタルの力でそれらが結集すれば、社会を変えるだけの力を持つのである。

大事なのは事例でも物語でもなく「構造」

真っ二つに分かれる日本の経営者の態度

日本の経営者に向けてここまでお伝えしてきたような内容を話すと、反応は大きく二つに分かれる。

前を向いて経営をしている人たちは、少しでも有益な情報を得ようと積極的に質問をしてくる。「どうすれば新興国のようにＤＸで自社の事業を変革することができるのか」「社会的なインパクトを出すための仕掛けは何なのか」。こうした経営者との議論が尽きることはない。

一方で、後ろを向いて経営をしている人たちは、「日本企業は東南アジアと同じようにはいかない」「東南アジアの話はいいから、高齢化が進んだ日本の地方都市での成功事例を教えてほしい」というような反応を示す。

サンクコストを断ち切れるか

こうした経営者たちと接していて感じることの一つが、「過去の物語」に縛られてしまっているということだ。

人は過去にとらわれる生き物だ。しかし、過去にとらわれてしまうと、現在の判断を狂わせることになる。

特定の活動や検討のために過去に費やした費用や時間のうち、後から取り戻すことができないもののことを、ファイナンス用語では「サンクコスト」というが、この**サンクコストは、未来の判断に影響を与えるべきではない**。

苦労して憧れの大企業に入れたとしても、自分の期待していた会社と違っていたら、すぐに転職を考えたほうがいい。長い時間とコストをかけて買収交渉を進めてきた買収先企業に瑕疵《かし》が見つかったら、買収は止めるべきである。先代が苦労して興した祖業に未来がないのであれば、撤退を検討すべきである。

しかし、多くの人は「頑張って入社した」「長い時間をかけて検討した」「ずっとこの事業をやってきた」というサンクコストに縛られ、冷静な判断ができなくなる。

✖「日本とタイやインドネシアは違う」という思考停止

必要なのは、**これまでの物語にとらわれずに、「構造」をとらえること**である。

問題を近くで見ていると、細かいことばかりが気になる。ましてや当事者であればあるほど、特定の問題や固有の事象ばかりが気になってしまう。

そしてたとえば、ゴジェックの例を聞いても、「日本にはバイクタクシーなど存在しない」とか「日本とインドネシアでは医療制度が違う」などと、受け入れることを拒否してしまう。

しかし、インドネシアでもバイクタクシーのような移動サービスは人口密度の低い地方都市には存在しないし、地方都市では医師不足が深刻化している。そう考えると、日本の過疎化した地方都市と同様の問題を抱えているといえる。

あるいは、タイでは零細農家がローンを組むことができなかったり、肥料や種を購入する正規のルートを持っていなかったりする。このような問題は農協による整備が進む前の日本と共通しているといえる。

後述するが、タイの農家にソリューションを提供しているスタートアップ企業がある。ITを用いた先進技術により生産性を大いに向上させているのだが、その技術をそのまま日本には使うことはできなくても、「人が技術指導をするのではなく、アプリが指導を行う」といったデジタル技術の活用法は、日本でも十二分に応用できるはずだ。

これが、構造でとらえるという見方だ。

構造でとらえるというのは、俯瞰して特徴をつかむということである。私は海外に住んでいるため、物理的にも少し離れたところから日本を俯瞰して見ることができるというメリットがある。

本書で紹介する事例についても、このような構造化をぜひ、意識して読んでほしい。

構造化とは枝葉を省いて抽象化することである。短期の視点や近場の事例ばかりに注目していると枝葉にとらわれてしまうが、時間軸と空間軸を広げてみることで、構造をとらえることができるようになる。**構造をとらえてデジタル技術で変革を起こすのがDXの本質**である。

「日本人は変われない」はウソ

また、「日本人は、日本企業はなかなか変わることができないから、変革は不可能だ」と言う人もいる。しかし、これもまったく根拠のない話だ。

たとえば、世界では「日本人は意思決定が遅く、グローバル競争で取り残されている」「日本企業は変化に弱く、アグレッシブさに欠ける」などといわれている。しかし、プラザ合意によって1ドル235円から1年以内に150円台まで円高が進むという大変化を乗り越えたのも同じ日本人だ。

インド人はアグレッシブに意見を言い続けるといわれるが、内向的で寡黙なインド人もたくさんいる。アメリカ人ははっきりとものを言うといわれるが、エリート層ははっきりとポジションを取った発言をすることを嫌ったりする。昔の栄光にすがっている日本人もいるが、未来に向けて希望だけを持って活動を続けている人たちもたくさんいる。

要は、「日本企業」「日本人」などというステレオタイプなもの言いは、ここ最近のイメージで勝手に作られた虚像であるということだ。虚像に縛られて思考停止に陥っている時間はない。

では、デジタルの力を使ってどのように変革を成し遂げていくか。いわば「真のDX」を成し遂げていくにはどうしたらいいのか。次章より具体的に見ていくことにしたい。

第1章

「改善」だけではDXにはならない

――東南アジアのデジタルイノベーション

「デジタル化＝ＤＸ」ではない

■ＤＸの本当の意味とは？

日本でＤＸ推進の必要性が叫ばれ始めて久しいが、そもそもＤＸとは何なのだろうか。紙の文書をデジタル化すればよいのだろうか。基幹システムを刷新すればよいのだろうか。それとも従業員にデジタル研修を受けてもらえばよいのだろうか。

いずれも打ち手としては間違っていないのかもしれない。しかし、それらをむやみに実施したからといってＤＸにはつながらない。ＤＸとはデジタル技術を使ってイノベーションを起こすことである。にもかかわらず、多くの企業ではそれがストラテジーやオペレーションのレベルにとどまってしまっている。

そもそも、イノベーションとストラテジー、オペレーションの違いを混同している人も多い。これらの違いをひと言でいうと意思決定のレイヤーの違いであり、図１－１で整理したように影響範囲と付加価値の新規性が異なる。

オペレーションとはすでにあるものを改善することであり、ストラテジーはやり方を変えること、そしてイノベーションはより大きな変革を起こすことである。同じ行動であっても実施する組織によってどのレイヤーに該当するかが異なるため、厳密にレイヤーを定義するよりも、このようなレイヤーが存在することを意識することが重要である。

イノベーションとストラテジー、オペレーションの違い

ここでは、前述のゴジェックなどのインドネシアのスタートアップが起こした「半径５キロ圏内の問題解決」を使って説明しよう。

まず、ゴジェックは、スマホを使ってバイクタクシーとユーザーをつなげた。バイクタ

図1-1　イノベーション、ストラテジー、オペレーションの整理

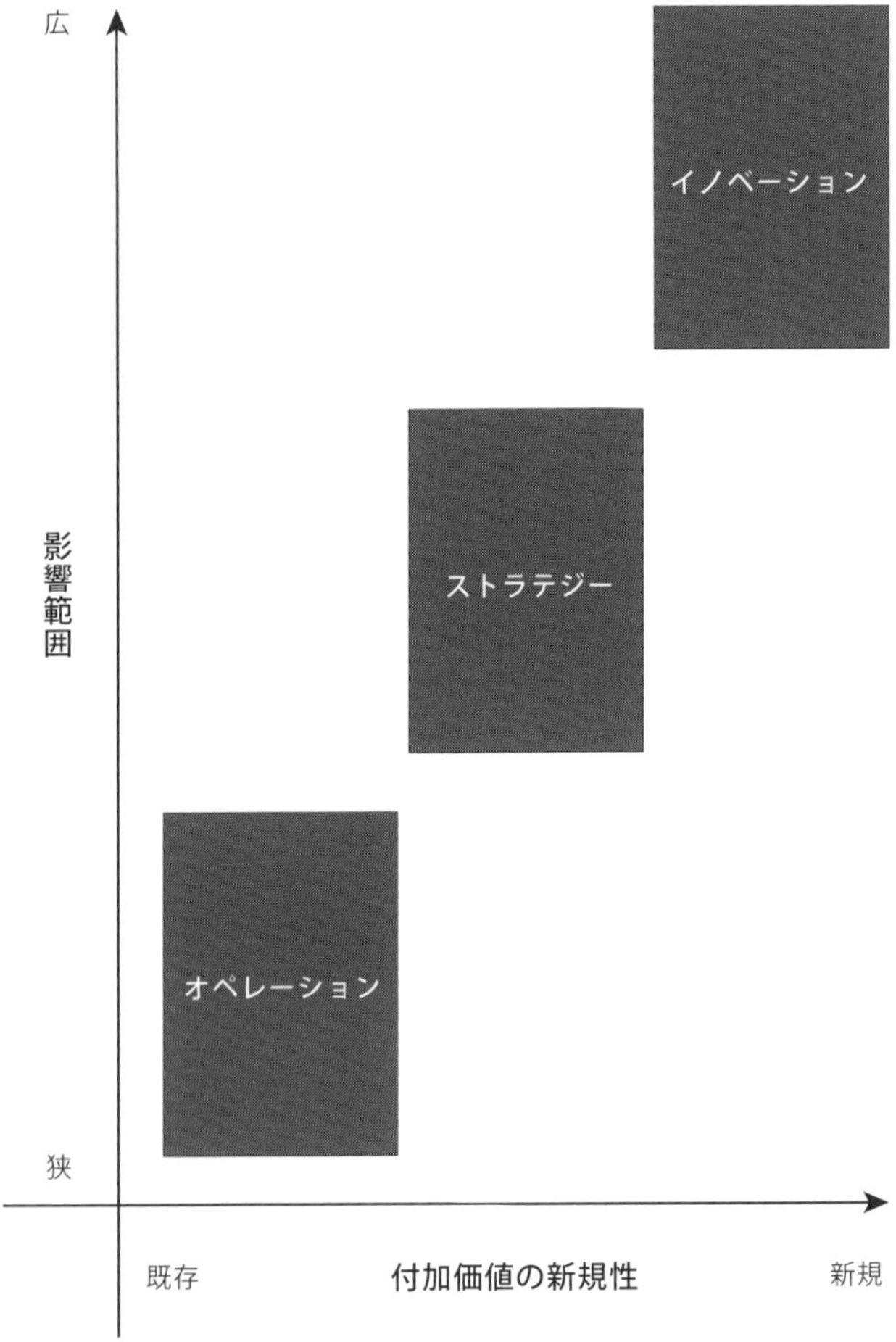

クシー自体は東南アジアに昔からあるサービスだが、スマホを使うことでユーザーはバイクタクシーを呼びやすくなり、バイクドライバーはユーザーを見つけやすくなった。また、ユーザーからのフィードバックでバイクドライバーを評価することも可能になった。これは、すでにあるオペレーションの改善である。

次にゴジェックは、ヒトだけでなく、モノを運ぶことも始めようとEコマースへの進出を目指した。ゴジェックは、銀行口座が普及していないインドネシアでも使える新たな決済手段を提供することで、Eコマースを実現した。これは、パパママショップも巻き込んでEコマースという新たな価値を提供した**ストラテジー**といえる。

現在は、パパママショップを支援するためのアプリを提供するプレイヤーが出現している。それらのアプリを使えば、パパママショップの店主が在庫管理や発注をすることができる。これにより、メーカーからパパママショップまで商品を届けるために無数の商社や問屋によって多層化されたサプライチェーンを介さずに商品を仕入れることができる。これは、既得権益者を打破して社会を変革する**イノベーション**である。

日本企業の多くのDXと呼ばれるものは、このうちのオペレーションのみにとどまってしまっていることが非常に多い。たとえば、タクシーに非現金決済を導入したり、スマホを使ってタクシーを呼べるようにしたりすることは経営上重要ではあるが、それはあくまでデジタル化によるオペレーション改善であって、DXとはいえない。

⌘シンガポールには「もう一つのシンガポール」が存在する

デジタルでまさにイノベーションを起こしたといえるのが、シンガポール政府である。そして、そこで用いられているデジタル技術が「デジタルツイン」である。

皆さんはデジタルツインという言葉を聞いたことがあるだろうか。デジタルツインとは、現実世界とデジタル世界を結びつけ、両者をリアルタイムで連携させる技術である。デジタルツインは、都市開発やインフラ管理など、さまざまな分野において利用されている。

シンガポール政府は数年前から、デジタル上に仮想のシンガポール、いわば「バーチャル・シンガポール」を作る取り組みを始めている。これは建物や地形、緑地や道路などの3Dデータが取り込まれた架空のシンガポールを作るというもので、この中で人の動きや交通状況、建物の変化などをシミュレーションすることができる。要は、デジタル世界の中に、実験可能なシンガポールがまるで双子(ツイン)のように存在しているのである。

このバーチャル・シンガポールには、現実世界のさまざまな状況がリアルタイムに反映されている。たとえば監視カメラから得られた交通情報や、駐車場に車が何台停まっているかなどのデータである。

さらには、地形や建物の向きなどから、ここで太陽光発電を行うとどのくらいの電力が得られるかといったシミュレーションすら可能だという。

「デジタルツイン」がもたらすさまざまな新サービス

シンガポール政府はこのデジタルツインを活用して、都市計画を行っている。たとえばデジタルツイン上に新しい道路を作ることで、本当に交通状況が改善されるかを事前にシミュレーションすることが可能だ。これがないと、実際に何年もかけて作った道路が、結果として交通渋滞を悪化させてしまうかもしれない。

このデジタルツインにはさまざまなデータを連動させることが可能である。たとえば、高齢者の自宅にセンサーを設置し健康状態をリアルタイムにモニタリングすることで、大病を発症する前に診療を受けられる可能性を高めることができるだろう。また、高齢者からの連絡がなくても、家族が異変を察知して駆けつけることも可能になる。

ただ、「高齢者をモニタリングして、異変を察知する」だけだと、これはオペレーション改善にすぎない。しかし、その結果として数万世帯から集めたデータを基に新たな製品やサービスを開発することにつなげれば、それはストラテジーやイノベーションへと昇華する。

たとえば、シンガポールのオマージュ（Homage）というスタートアップは、スマホやスマートウォッチ、監視カメラやドアに設置したセンサーなどでデータを収集して高齢者の在宅医療を支援している。認知症患者の事例でいうと、何らかの異常が察知されたら、医師や看護師が遠隔で診療をしたり、近隣の医師や看護師などがすぐに駆けつけたりすることができる。これは、新たな付加価値をユーザーに提供しているストラテジーといえる。

さらに、ここで得たデータを基に、高齢者向けの介護施設を新たに設計したり、高齢者が住みやすい街づくりをしたりすることも可能になるだろう。遠隔医療を提供する医師は、フィリピンやマレーシアから診療することも可能になるだろう。このような社会変革へと昇華することができれば、イノベーションと呼ぶことができる。

重要なのは、このデジタルツインは政府だけでなく、誰もが利用可能であるということだ。それにより、資本力がなくても誰もがイノベーションを起こすことができるようになった。

誰でもイノベーションを起こせる時代の到来

東南アジアでさまざまなスタートアップが立ち上がっているのは、まさにデジタル技術がイノベーションを促進させているからに他ならない。デジタル技術によって事業を展開するための基礎的なインフラが、すでに整備されているからである。

たとえば、かつては一定数の車両を保有しないと、タクシー会社を経営することはできなかったが、デジタルのインフラが整ったことで、配車アプリ一つあれば、個人が所有する車両を利用する形でタクシー会社と同様のサービスを提供することができる。２０１０年に創業したゴジェックがバイクタクシー事業を成功させることができたのも、まさにインフラがあったからである。

また、多数の部品サプライヤーを組織化して長い時間をかけて製造する必要があった自動車業界にも変化が起きつつある。電動化によってパーツがモジュール化されたことに加え、デジタル技術によって設計図の共有やサプライヤーとのやりとりがやりやすくなったことで、比較的容易に参入できるようになった。

たとえばベトナムの財閥であるビングループは、自社で電気自動車や電動バイクを製造するとともに、それらを用いたタクシー事業への参入を果たしている。


小売業界も同様である。かつてはPOS端末を全小売店に設置して、データを連携しない限り売上を把握することはできなかったが、今はアプリを一つ開発すれば、スマホやタブレットを使用して売上をリアルタイムに把握できる。また、QR決済などを使用すれば、顧客データと紐づけることもできる。

その結果、街の小さな小売店で一気に変革が起きている。

図1－2はベトナムで広く使われている外食店向けのアプリだが、シンプルなインターフェースで、ITリテラシーが低くても使うことができる。これらのアプリは非現金決済にも対応している。こうしたアプリの出現で、ベトナムの小売市場は一気に変化し、現金を持ち歩かない若者も増えている。

かつては過疎地に住んでいる患者の診察をするには、医師がわざわざ現地に出向く必要があったが、今はアプリで遠隔診療を実施して、その診断結果を基に患者の自宅に薬を届けることができる。

デジタル技術を単なるツールとしてとらえているのであれば、それは大きな間違いである。デジタル・フロンティアである東南アジアでは、**オペレーション改善やストラテジーを実行する手段ではなく、デジタル技術によって社会を変革するイノベーションが生まれている**のだ。

図1-2　ベトナムの外食店向けアプリ

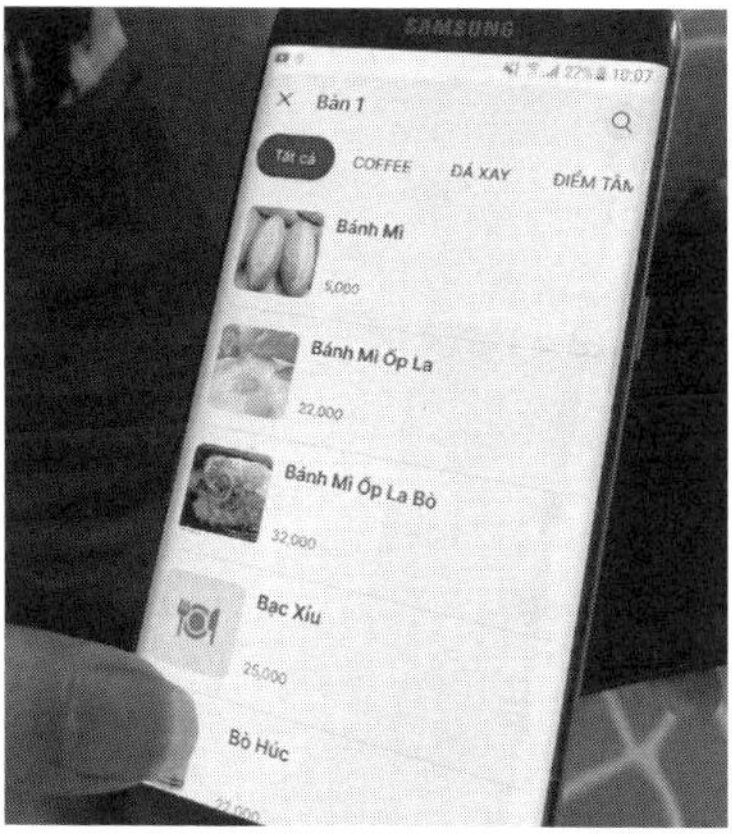

先ほどのシンガポールのデジタルツインが好例だが、デジタル技術を活用して生活者のデータを収集することで、結果として生活者の日々の生活を漸進的に改善するだけでなく、街自体の設計を抜本的に見直すことができるようになっているのである。

この10年で大きく変わった東南アジアのDX事情

3段階で進んだ地殻変動

次章以降で具体的な事例を紹介していくが、近年の東南アジアでは多くの地殻変動が起きつつある。個別事例の解説に入る前に、全体感を把握しやすいように2010年以降の東南アジアのDXの変遷を解説しよう。

東南アジアではさまざまな領域でDXが起きているが、ここでは特に変化の大きかったインドネシアの消費者向けサービスでの変化について見てみよう。

東南アジアでは２０１０年初頭から現在までの約10年で、銀行主導での消費者データの収集、ユニコーン主導でのビッグデータの構築、そして加盟店の支援による分散データ（バラバラに存在しているデータ）のキュレーション（データの選別や活用により、新しい価値を生み出すこと）の３段階でステージが変化してきた。

順番に解説していこう。

インドネシアの革命は銀行主導で始まった

個人データをより多く手に入れたものが市場で勝つ、というのは、今や常識といっていいだろう。

２０１０年代初頭、インドネシアではまだスマホが普及していなかった。また、銀行口座保有率も約20％と低い水準だった。[※1] つまり、多くの消費者のデータが、利用できる形では世の中に存在していなかった。

※1　The World Bank "The Global Findex database 2021"

この時代、マンディリ銀行やBCAといった大手の銀行が積極的に消費者にリーチしていた。たとえば、銀行口座を保有していなくても使えるプリペイドカードをコンビニで販売したり、コンビニでのカード利用を促進するために自社端末を設置したりしていた。一時期は、店頭に別々の銀行の決済端末を5種類も設置してあるコンビニすらあった。

また、外食店に行くと、特定のカードを利用した消費者には大幅な値引きが実施されていた。それも5%の値引きなどではなく、30%のような大幅な値引きを見かけたこともある。

インドネシアは金利の高い成長市場なので、それほどのコストをかけてでも消費者にリーチして囲い込むことに意味があると考えられていたのだろう。

❖「ユニコーン」たちが市場を一気に奪い去る

しかし、こうした時代は長くは続かなかった。スマホおよびそれを利用したスタートアップの登場により、銀行主導による地道な活動に終止符が打たれてしまったのだ。

それを主導したのは前述のゴジェックや、トコペディア(Tokopedia)やブカラパック

(Bukalapak)といったユニコーン企業であった。トコペディアとブカラパックはいずれも、1億人以上の顧客を持つインドネシアを代表するＥＣサイトである。

これら企業はスマホを使って移動手段や消費財の購入など消費者の生活を直接的に支援するためのサービスを提供し、それによっていわゆるビッグデータを手に入れた。

スマホというインターフェースがあれば、独自の端末は不要である。こうして、これらユニコーン企業たちはユーザーＩＤと完全に紐づいている決済データを、銀行よりも簡単に手に入れることができた。そしてこれらのユニコーン企業はサービスの範囲を広げていき、前述のいわゆる「スーパーアプリ」化していった。

日本ではクレジットカードや交通系決済手段、ペイペイやラインペイなどが乱立しているが、インドネシアではスーパーアプリが変革を主導している。

巨大経済圏を構築するための戦い

ここまでは、いかにユーザーにリーチするかという戦いだった。次に起きたのは、ＡＲＰＵ（Average revenue per user：ユーザー一人当たり売上）を上げるための戦いである。

ユーザーの獲得にはコストがかかるので、それらのユーザーに対し収益化できなければビジネスとしては成り立たない。

ここで始まったのが、経済圏構築のための熾烈な戦いである。日本でもドコモやａｕ、ソフトバンクなどが独自の経済圏を構築するために熾烈な戦いを繰り広げているが、それと同じである。

経済圏構築の戦いを理解するためには、貨幣を例として考えるとわかりやすい。貨幣の強さは流通量と回転数で決まる。米ドルが強いのは、流通している総量が多いだけでなく、基軸通貨として世界中の取引で使われているからである。そのため、米ドルだけでなくユーロやイギリスポンド、中国元なども、基軸通貨としてのプレゼンスを高めるべく、さまざまな取り組みを実施している。

インドネシアのゴジェックとトコペディアは経済圏を広げるべく、２０２１年に合併して新たに「ＧｏＴｏ」として経済圏を拡大している。通貨でいうと、欧州でユーロが誕生したのと同じように経済圏を一気に広める効果が見込まれる。

ゴジェック経済圏が実現したイノベーション

では、回転数を上げるための施策としてはどのようなものがあるのだろうか。これには、加盟店の数を増やすことと加盟店ごとの売上高を上げることの二つがある。

ゴジェックは前述の通りサービスの幅を広げることで、加盟店を増やしていった。日用品を取り扱うパパママショップや食事を提供する屋台のみならず、部屋の清掃員、マッサージ師まで、幅広いサービスを提供することで数多くの加盟店を獲得していった。

さらに、財閥やスタートアップは加盟店ごとの売上高を上げるための取り組みも開始した。具体的には、パパママショップが使用するためのアプリを提供する動きである。図1－3は、パパママショップとその店主が実際に使用するアプリだが、在庫管理をしたり、商品を発注したりできるようになっている。

これまではパパママショップの店主が在庫の減少に合わせて近くのお店へ買い出しに行くというオペレーションだった。このアプリを使用することで、これまでよりも在庫管理の精度が上がり、商品の発注精度が上がるのはいうまでもない。

図1-3　インドネシアのパパママショップ

（上）ジャカルタのパパママショップ
（右）店主の使うスマホアプリ

しかし、ここまででは単なるオペレーション改善で終わってしまう。ここでのポイントは、パパママショップの支援によって、これまでバラバラに存在していたデータを一カ所に集約できるということである。

第3章で詳述するが、分散データをキュレーションすることで、サプライチェーンを一気に変革することができる。そしてゴジェックが行っていることがまさに、こうした取り組みなのである。

このような動きは小規模な伝統的小売店や外食店が多い日本でも有効なイノベーションといえる。

第1章では、オペレーション改善から始まって、イノベーションへとつながっている東南アジアのＤＸについて解説した。このように、デジタル技術を使えば、身近な問題解決を通して、社会全体の変革をすることができるのだ。

第2章

ビッグデータの破壊力

「ID」がすべての基盤となる

■ そもそもIDの役割とは？

IDとはIdentificationの略語で、複数の同種の対象から人物や物事を特定するための識別番号や情報のことを指す。皆さんが日々目にするIDとしては、パスポートや運転免許証、クレジットカード番号、社員番号、商品のバーコードなどが挙げられる。

IDは何のために必要なのだろうか。それは、個別の要素を識別するためである。これはつい忘れられがちだが、DXというものを理解するにあたって、実は極めて大事なことである。

たとえば、30人の生徒がいるクラスに、同姓同名の生徒が二人いたらどうだろうか。先生が姓名を読み上げるだけでは、どちらの生徒のことを指しているのかわからない。二人を区別するためには、どちらかの生徒をニックネームで呼ぶなどの工夫が必要となる。

では、30人全員に出席番号が割り当てられていたらどうだろうか。実際に先生が生徒のことを番号で呼ぶことはそうそうないとはいえ、番号と紐づければ、同姓同名の生徒がいても混乱することは少なくなる。

また、隣のクラスに同姓同名の生徒がいた場合も、「A組の15番」「B組の3番」などとＩＤをつけることにより、区別することが可能になる。

ご存じの通り、世の中には数多くのＩＤが存在している。マイナンバーや社員番号、会員証の番号などだ。ＩＤがあることで人間やシステムは、それらの要素を個別に識別することができるようになる。

■ＩＤがあることの大きな利点

ＩＤのメリットをもう少し考えてみよう。ここでは、自動車メーカーが販売代理店経由で新車を販売することを想定してみよう。

もし販売代理店が、顧客に対してIDを発行していなかったらどうなるだろうか。まず、ある店で自動車を購入した「ヤマダタロウ」さんと、別の店で購入した「ヤマダタロウ」さんが同一人物であるかが判断できない。そうなると、そろそろ買い替えの案内をしたくても、どちらに案内すればいいのかわからなくなる。営業担当者が顧客リストを作っているかもしれないが、営業担当者が辞めたり、転勤したりしてしまうと、顧客との関係性が断たれてしまう。

その結果、メーカーとしてはオンライン広告を出稿したり、新聞に折り込みチラシを入れたり、ショッピングモールでイベントを開催したりするなどの間接的な打ち手しか取れなくなる。

ではもし、自動車メーカーが提供するCRM（Customer Relationship Management：顧客関係管理）システムにすべての販売代理店の顧客情報が登録されていたらどうだろうか。販売代理店に依存しなくても、自動車メーカー側ですべての顧客情報を把握することができるので、既存顧客に直接、送るべきタイミングでDMを送ることも可能になる。不特定多数に向けた広告より成約率が上がるのはいうまでもないだろう。

ＩＤが一元管理されていて、それに紐づく過去の顧客の行動データを保有しているということが、自動車メーカーにとっていかにメリットがあるかわかってもらえたと思う。

ちなみに、この方法だと顧客ＩＤは販売代理店を経由してしか取得できない。つまり、潜在顧客にアプローチすることができない。

かといって競合他社の顧客ＩＤを勝手に入手することは、もちろん違法である。そこで行われるのが、別の業界の企業との連携である。

たとえば、楽天のように多くの顧客ＩＤを保有しているＥコマースのプラットフォームに出店をすることで、より多くの顧客にリーチすることが可能になる。楽天は顧客ＩＤごとに商品の購入履歴を保有しているので、楽天に費用を支払えば、自社製品を購入する可能性の高い潜在顧客にリーチすることができる。

モノにもＩＤがある

ＩＤは人間以外にも採番されている。たとえば、あまりなじみがない人も多いと思うが、自動車につけられているＶＩＮ（Vehicle Identification Number）というＩＤがある。Ｖ

ＩＮは17桁の数字と文字の組み合わせで構成され、車両の製造元、モデル、年式、エンジンタイプ、製造番号などの情報が含まれている。ＶＩＮは国際標準化機構（ＩＳＯ）によって定められた国際基準だが、日本ではＶＩＮの代わりに自動車検査証や自動車税の課税台帳などで使用される車両登録番号（ナンバープレート）のほうがよく知られている。

こうした人間以外の物体や現象に採番されているＩＤにも大きなメリットがある。たとえば、飲料メーカーの製造工程で異物が混入した場合を考えてみよう。もし飲料一本ごとにＩＤが採番されていて、それらがどの小売店舗に並んでいるかがリアルタイムに把握できれば、被害を最小限に抑えることができる。

しかし、ＩＤがなく、流通経路も飲料メーカーが管理していない場合はどうだろうか。最悪、日本中の小売店舗から該当商品をすべて回収しなければならないかもしれない。

このように、**ＩＤが採番されていることで、要素を識別し、直接影響を与えられるようになる**。

✖ マイナンバーへの反発は強いが……

ここまでの説明で、ＩＤの重要性をより理解してもらえたかと思う。いかに優れたアーキテクト（システム設計者）がいても、基盤としてのＩＤがきちんと整備されていないと、データベースの設計をすることができない。

日本では政府があの手この手を用いた結果、マイナンバーカードの人口に対する交付枚数率が２０２３年６月末時点で約70％まで上昇した。一方で、行政側のインフラやシステム構築が進んでいないため、すべての行政サービスでカードを使用できる状況には達していない。

マイナンバーの導入に対しては賛否両論がある。しかし、ＤＸという一面を取ってみれば、国民ＩＤには強烈なパワーがあり、これなくしては十分なＤＸを進めることは難しいというのは、厳然たる事実である。

そのことを、デジタル国家として有名なシンガポールの例で見てみることにしたい。

シンガポールの国民IDの威力

国民はもちろん、居住するすべての人にIDが

私が住んでいるシンガポールでは、大人だけでなく、子供までが国民IDカードである「国民身分証明書」を保有している。国民身分証明書は、NRIC（National Registration Identity Card）と呼ばれ、すべてのシンガポール国民と永住権保持者に発行される。

国民IDカードには、国民ID以外に証明写真や指紋の他、生年月日、性別、民族などが記載されている。カードにはバーコードも記載されていて、建物での入館登録をするときなどに使用される。この国民身分証明書は、身分証明、納税、銀行取引、選挙投票など

の公的手続きに使用することができる。

なお、シンガポールでの就労や居住を許可された外国人にはＮＲＩＣではなく、ＦＩＮ(Foreign Identification Number)が発行され、ＮＲＩＣと同じような機能を有している。私もシンガポールで就労許可を得た際にＦＩＮが採番されている。

また、シングパス(Singpass)というシンガポール政府が提供するオンライン認証サービスに登録することで、さらなる利便性を享受できる。シングパスを使えば、個人が自分自身をオンライン上で認証し、政府機関や民間企業が運営するさまざまなウェブサイトでの手続きをスムーズに行うことができる。

また、シングパスのスマホアプリを使えば、物理的なＩＤカードを携帯しなくても、スマホからカード情報を閲覧することができる。さらに、このアプリから、戸籍情報や保有している不動産、ワクチン証明書などを閲覧することもできる。

ＩＤにスマホ番号と銀行口座が紐づいている

さまざまなサービスで利用できるシンガポールの国民ＩＤだが、その価値を圧倒的に高めているのは、国民IDにスマホ番号と銀行口座番号が紐づいている点といえる。

たとえば、政府からの納税関連の通知は、すべてSMSでスマホに届く。紙の通知を待つ必要はなく、プッシュ通知により見逃す心配がないので、私はとても便利だと感じている。

また、国民IDが銀行口座番号と紐づいているため、銀行引き落としの設定をしておけば、毎月自動的に納税することもできる。所得控除を受けることができる寄付金なども、寄付をする際に国民IDを記載しておけば、特別に申告をしなくても自動的に控除される。

さらに、シングパスは企業IDとも紐づけることができる。シングパスを持っている個人は、企業IDとしてのコーパス（Corppass）に登録することができる。コーパスとは、企業が政府機関との取引を行うためのオンラインサービスである。企業はコーパスを使用して、税務申告、ビジネス許可申請、社会保険の登録など、さまざまな政府機関との取引を行うことができる。

つまり、企業トップや管理部門の担当者が国民IDとそれに紐づくオンライン認証サービスのシングパスに登録していれば、一つのIDで個人のみならず、企業にとって必要なさまざまなサービスを受けることができるのである。

たとえば、就労ビザの申請をするためにMOM（Ministry of Manpower：労働省）のウェブサイトにログインするときと、最新の規制動向を確認するためにMAS（Monetary Authority of Singapore：シンガポール金融管理局）のウェブサイトにログインするときに同じIDを使用することができる。スマホアプリと連動したセキュリティも用意されているため、多数のパスワードを管理するわずらわしさもない。

シンガポールのコロナ対策が成功した理由

この国民IDが極めて効果を発揮した例を挙げよう。2020年から世界中で猛威を振るったコロナ禍である。

シンガポールではリアルタイムに感染状況を把握してクラスターの発生を抑制した結果、2023年3月16日時点の人口10万人当たりの死者数は29人（日本は58人）と、※2 世界的にも極めて優秀な結果を残している。これはシンガポール政府の全体構想力あってこそ

※2 JOHNS HOPKINS CORONAVIRUS RESOURCE CENTER

の話ではあるが、それを可能にしたのがまさにこの国民IDであったのだ。

一例を挙げれば、建物の入退室管理がある。コロナ禍のシンガポールでは、政府主導で開発が進められたトレーストゥギャザー（TraceTogether）というアプリで、すべての建物の利用者の入退室が管理された。

この入退室管理に使われていたのが国民IDで、建物の利用者は各自のスマホを、スマホを持っていない場合は政府から配布された物理的なトークンを、建物入り口に設置されたトレーストゥギャザーのアプリ画面にかざすことで、建物に入ることができた。

政府から建物側に出された指示は、「国民IDごとに、建物の入退室をリアルタイムに把握せよ」というものである。その実現のためのツールとしてトレーストゥギャザーが開発・リリースされたのだ。

ここで特筆すべきなのは、国は確かに人の動きの管理を行ってはいたが、それ以外の具体的な運用は、それぞれの建物のオーナーに任されていたということだ。

たとえば、各建物の入り口でスタッフがスマホやタブレットを使って一人ひとりをアプリでチェックしているケースもあれば、駅の自動改札のような設備を導入しているケースもあった。自動改札のような設備も、さまざまなメーカーが参入しているように見受けられ、使いやすいものから、故障ばかりしていて有効に機能していないものまで多種多様だった。

なぜ、このような運用が可能だったかというと、政府によるコロナ対策の方針がフェーズごとに明確に策定され発表されていたからである。たとえば、フェーズごとに「飲食店は夜22時半には閉店しなければいけない」「結婚披露宴は250人以下の参加者で事前検査をしなければいけない」「屋内ジムではグループ当たり人数を最大5人とする」などである。

そして、各フェーズにおける感染拡大状況の目安や規制が定められており、それぞれのフェーズの期間の目安も定められていたため、国民や企業は「コロナ禍はいつか収束するもの」だという認識を持つことができた。要は、国を運営するためのプラットフォームとしての国民IDがあったことで、現場が政府の方針に基づいて臨機応変に対応することができたということである。

✖「個別最適」に終始してしまった日本

一方の日本では国民ＩＤが付与されていなかったため、感染者の把握や人の動きの把握は困難を極めた。政府が提供したアプリもほとんど活用されないままに終わった。一方で、ワクチン接種や病院への対策は地方自治体にほぼ丸投げし、現場は大混乱に陥った。

その結果、ワクチンをまったく接種しない人がいる一方で不正に複数回受ける人が現れたり、いわゆる「自粛警察」「マスク警察」と呼ばれるような人が現れて社会が混乱したりといった状況が起こったことは記憶に新しい。

それでも、日本では現場の人たちが頑張るので、一定期間を経ると事態は収束する。今回も現場の人の働きは本当に頭が下がるものだった。

しかし、こうして「やっぱり現場が大事」という話になると、現場に権限が集まり、結局「個別最適」に終始してしまう。これは、全体最適を求めるＤＸとは極めて相性が悪い考え方であり、結局、デジタル化による部分的な改善活動で終わってしまう。

そうならないためには、政府が方針と施策を明確に紐づけた上で主導するということがやはり、必要なのである。

もう一つ重要なのが、施策を有期のものとすることである。シンガポールのコロナ対策ではフェーズごとに「飲食店は夜22時半には閉店しなければいけない」などの規制があったが、状況が改善しフェーズが変わって必要がなくなった規制は、瞬時に撤廃された。そしてその情報は政府のウェブサイトやスマホアプリで直ちに通達された。

必要がなくなった規則をダラダラと残しておかないことで、既得権益の発生を最大限排除することができる。逆に方針と施策が紐づいていなかったり、期限が明確に設けられていなかったりすると、スギ花粉症患者ばかり増やしているスギの植林に対する補助金のように、永久に残り続けてしまう。

シンガポール政府は、国民IDという基盤があったことで、誰もが初めて体験する新型コロナウイルスに対して明確な対策の指針を打ち出すことができた。同じくコロナ対策の成功例として言及される台湾もまた、全国民にIDが付与されている。

日本ではマイナンバーの印象から、IDに対して否定的な人もいるかもしれない。しかし、少なくともDXにおいてIDは必ず必要となるものだ。**IDは単なるアプリケーションの一種ではなく、DXを起こすために必要な基礎インフラ**なのである。

「スーパーアプリ」がビッグデータで世界を変える

全世界的に岐路に立つ「ビッグデータ活用」

ここまで、IDを整備するということがいかに重要かについて解説してきた。IDがあればこそ大量のデータ、いわゆるビッグデータを手に入れて、それを有効活用することができる。

続く本節では、このビッグデータを保有することのインパクトについて改めて考えてみよう。

ビッグデータは、一般的には三つのVを満たすデータといわれている。Volume（大量）、

Variety（多様性）、Velocity（速度）である。

Volumeは文字通りデータの量が多いという意味で、Varietyとはテキスト以外にも画像や音声、動画などを含むことを意味する。

また、Velocityとはデータがリアルタイムで生成され、リアルタイムで処理される必要があるという意味である。たとえば、SNSやウェブサイトのアクセスログなどのようにインターネット上で大量のデータが生成される場合、それらのデータをリアルタイムで処理する必要がある。

IDに加えてビッグデータを保有するようになると、そのパワーは強大になる。一企業が国家をも脅かすような強大な交渉力を持てるようになる。

しかし、このビッグデータ活用が今、岐路に立たされている。

皆さんも、各国政府がGAFAMに対する数々の対抗策を講じていると耳にしたことがあるのではないだろうか。

たとえば、EUでは、グーグルやメタ（フェイスブック）などの企業に対して競争法違反の疑いでさまざまな調査を行っており、違反があるとされた場合には罰金を科すなどの措置を取っている。

また、EU、米国、カナダなどの政府は、個人情報のプライバシー保護のための法律や規制を強化していっている。

代表的なのがEUが導入した一般データ保護規則（GDPR）であり、ここでは個人データの収集、使用、保管に関して厳格な要件を定めている。

さらに、多くの政府は、GAFAMが国内でのビジネス活動に対して支払う税金を増やすためのさまざまな税制改正を検討している。

GAFAMと東南アジアのスーパーアプリの違い

一方、グラブやゴジェックといったスーパーアプリが主導するビッグデータ活用と取得は、GAFAMのそれとは違うものである。

GAFAMが世界中のオンラインのデータを収集しているのに対して、ゴジェックやグラブは東南アジアのユーザーや加盟店の、より多様なデータを収集している。たとえばゴジェックは、パパママショップや屋台の詳細な売上データだけでなく、バイクドライバーに関しては顧客からのサービスレベル評価やトレーニング受講履歴、月間の収入や預金額といった情報まで収集している。

これは、ゴジェックがデジタル技術を活用した空中戦のみならず、ドライバーに対するトレーニングを実施したり、ドライバーが問題に直面した際にサポートしたりと、地道な改善活動を通して地上戦でも戦っているから実現できているのである。

なお、ドライバー向けのトレーニングには前述の運転技術や英会話以外にも、ドライバーの自立を支援するための起業家精神の養成や資金計画の策定などに関するプログラムも含まれている。

以前、ジャカルタのバイクドライバーに聞いたところ、ゴジェックのプログラムを受けた影響で預金を始めたそうだ。

これこそが、世界制覇を目指すＧＡＦＡＭと、リアルとデジタルの融合でローカルの問題を解決するリージョン型の企業の違いである。いうまでもなく、日本が目指すべきはこの方面でのビッグデータ活用だ。

⌘スーパーアプリが構想する経済圏の正体

では、このような多様なデータを保有するスーパーアプリは何を構想しているのだろうか。これはあくまで私の推測でしかないが、二つの方向性があるのではないかと考えている。

一つ目は、サプライチェーンなどをはじめとするレガシーの変革である。これについては次章で詳しく解説する。

二つ目は、フィンテック企業として各国、ないしはアジア全域での圧倒的なプレゼンスの構築を目指すという方向性である。前述の通り、すでにスーパーアプリは決済システムを押さえている。さらに、スーパーアプリは多様なデータを保有しているので、それらを基に決済以外にも保険やローンなどの領域にこれまで以上に積極的に展開していくのは自然な流れである。

東南アジアの主要な新興決済プレイヤーには中国のアリババやテンセント（BATのA

とT）が出資している。金融領域で一日の長があるこの二社のサポートの下、金融領域を伸ばしていくというのは自然な方向性である。

実際に、ゴジェックはジャゴ銀行へ、グラブはファマ・インターナショナル銀行に出資するなど、自社での金融領域の強化以外にも既存の銀行を取り込む動きが出てきている。このような動きは、インドネシアの大手銀行を脅かすほどの影響力を持っている。

銀行の収益源は手数料収入と金利収入なので、ユーザーや事業者との関係性が深くなればなるほど、収入を増やすことができる。

危機感を持つインドネシア政府

ただし、これに対して警戒する動きも出てきている。

２０１９年にインドネシアではＱＲＩＳ（Quick Response Code Indonesian Standard）という統一決済プラットフォームが導入された。これはインドネシア銀行協会によって導入され、国内の電子マネーやデジタル決済サービスの統合を目的としている。

ＱＲＩＳの主な目的は、インドネシア全体での電子決済の利便性を向上させ、異なる電子決済プロバイダー間の相互運用性を確保することである。ＱＲＩＳを利用することで、消費者はさまざまな決済アプリから、ＱＲコードをスキャンするだけで簡単に支払いを行うことができる。

また、パパママショップにとっても、低コストで決済インフラを導入できるため、電子決済のメリットをより多く享受することができる。ＱＲＩＳの導入によって、インドネシアのキャッシュレス化は一気に進んだ。

この動きは、インドネシアの金融インクルージョンの向上や、デジタル化の推進に貢献しているが、私はもう一つの目的は中国のアリババやテンセントが後押しするＧｏＴｏなどへの牽制ではないかと考えている。

これ以上ＧｏＴｏのような経済圏が拡大してしまうとインドネシア政府も対抗策を講じるのが難しくなってしまう。ＱＲＩＳによって、小規模の決済プレイヤーも加盟店の開拓をせずに市場に参入できるようになった。一定程度スーパーアプリへの牽制となっているものと思う。

ともあれ、紆余曲折がありつつも、スーパーアプリはグローバル化時代のＧＡＦＡＭとは異なるやり方で、社会の改変を行おうとしている。そして、それを可能にしているのは、リージョン化によってサービスがローカライズされ、取得できるデータが多様化してきていることである。

地道な地上戦から得られた多様なデータは、既得権益を打破して、社会を大きく変革する力を持つ。これこそが、スーパーアプリがリージョン化時代を牽引する原動力となっているのだ。

ビッグデータで街づくりの概念が変わる

✖インドネシアで計画されている首都移転

オペレーション改善から収集したビッグデータは、街づくりの概念さえも変えてしまう。ここでは、インドネシアで実際に計画されている首都移転の事例を基に考えてみよう。

皆さんにイメージを持ってもらうために、東京都とインドネシアの首都のジャカルタの基礎情報を図2－1に整理してみた。

ジャカルタは東京23区と同じくらいの面積で、人口密度はより高い。インドネシアも日

図2-1 東京都とジャカルタの基礎情報

	東京都	ジャカルタ
人口	1,406万人（2023年） ＊23区：975万人（2023年）	1,068万人（2022年）
面積	2,194 km^2 ＊23区：627km^2	661.5 km^2
人口密度	6,399人/km^2 *23区：15,535人/km^2（2023年）	16,145人/km^2（2022年）
一人当たり名目GDP	58,992米ドル（2019年）	20,576米ドル（2022年）

図2-2　ジャカルタの交通渋滞

本と同じように、あるいはそれ以上にジャカルタへの一極集中化が進んでいるといえる。その結果として、ジャカルタはさまざまな問題に直面している。

たとえば、ジャカルタの自動車の平均時速は5キロともいわれていて、交通渋滞は深刻な問題となっている（図2－2）。また、公害も深刻な問題となっていて、2019年のジャカルタの年間平均PM2・5濃度は45・3μg／㎥で、同年の北京の42・0μg／㎥や上海の32・8μg／㎥よりも高いものとなっている。

また、ジャカルタでは地盤沈下が進んでいて、「ナショナル・ジオグラフィック」の2022年7月30日の記事では、ジャカルタについて「世界で最も速い速度で沈んでいる都市の一つであり、その原因は地下水の過剰なくみ上げによる土壌の沈降である」「特に北部地域は、毎年最大25センチもの速さで沈んでいる」「海面上昇の影響を受けやすい沿岸都市であり、都市の40%がすでに海抜ゼロメートル以下に位置している」と言及している。

日本における東京や大阪への集中も大きな社会問題だが、インドネシアのそれはさらに深刻なものといえるだろう。

このような状況を受け、今、インドネシアではカリマンタン島の東カリマンタン州への首都移転が構想されている。新首都はヌサンタラ（Nusantara）と呼ばれている。

街をレイヤー構造で構想する

では、ビッグデータを使うことで、ヌサンタラでどのような街づくりができるかを構想してみよう。そのためにはまず、街をレイヤー構造で整理することが必要である。

街をレイヤー構造で整理すると、図2－3のように表現することができる。かつて街づくりとは、鉄道や道路などのハードから作っていくものとされていたが、ビッグデータを基にしたデジタルツインを使えばその概念さえも覆すことができる。

ビッグデータの取得のためには、エネルギーや必要最小限の道路や仮設の建物が完成したらすぐに、街の機能を開始させることである。住民の行動データを収集することで、デジタルツインの精度を一気に高めることが可能になる。

ここで重要なのは、ゴジェックのようなスーパーアプリのみならず、屋台やパパママショップ、公共交通機関などすべてのサービスの情報を取得することである。そのためには、次章で詳しく解説する分散データのキュレーションをするための考え方が必要になる。

ビッグデータを取得することができれば、人がどのようにして主要活動である「暮らす、働く、遊ぶ」をしているのかを正確に理解することができるようになる。人の活動がわかったら、それに合わせて道路や建物を増やしていき、一番大掛かりな地下鉄などは必要に応じて後から建設することが可能となる。

なお、このようなゼロベースでの街づくりは東南アジアの各地で起こっている。

たとえば、経営共創基盤とも提携しているベトナムの大手ＩＴ企業であるＦＰＴ社は、ベトナムの観光地としても有名なダナン市にＦＰＴシティというスマートシティを運営し

図2-3 街のレイヤー構造と構成要素の一例

アプリケーション	スマホアプリ、パパママショップの店員、バイクドライバー
OS／プラットフォーム	Android、iOS、国民ID、スーパーアプリ
デバイス	車両、タブレット、スマホ、バイク、センサー
ネットワーク	有線、無線（4G、LTE、WiFi）
ハードウェア	鉄道、建物、道路
エネルギー	発電設備、送配電網、充電設備

ている。FPTシティには住宅のみならず、学校やオフィスビルなども建設されている。不動産会社ではなく、東南アジアを代表するIT企業であるFPT社が運営しているスマートシティということで、ビッグデータを活用したユニークな街になるだろう。

ヌサンタラのプロジェクトが具体化するのはまだ先だが、デジタルをベースにしたまったく新しい街づくりが行われることは確実だと思われる。今後の展開から目が離せない。

第3章

バラバラなデータに価値はない

「分散データのキュレーション」のインパクト

✖ データはバラバラに存在していては使えない

第2章ではビッグデータのインパクトについて解説した。第3章では世の中にすでに存在するデータを使って、いかにビッグデータを構築するかを考えてみよう。

世の中にはさまざまなデータが存在している。たとえば、皆さんがスマートウォッチを使っていたら、睡眠データや歩数などのデータが自動で生成されている。また、会社では、経営企画部からの依頼で予算データを作成したり、セミナーを実施する際の招待客リストなど、さまざまなデータが日々、作成されている。

他にも、美容院の予約をしたり、コンビニで買い物をしたり、オンラインで書籍を購入したりしたら、その都度データが生成されている。インターネットで検索したり、インスタグラムに写真を投稿したりということも、当然、データとして残る。

このように考えていくと、私たちが生きていく限り、意識していなくても無数のデータが生成され続けることになる。

しかし、残念ながら多くのデータが十分に活用されないまま、ただ蓄積され続けている。その大きな理由は、データがバラバラに管理されているからである。バラバラの意味は二つあり、一つは物理的に統合されていないことで、もう一つは形式がバラバラだということである。

たとえば、複数の事業部がそれぞれエクセルで残業時間の管理をしていたとする。ある事業部では社員の名前ごとに残業時間を週ごとに分単位で管理しており、別の事業部では社員番号ごとに日ごとに15分単位で管理していたとしたら、どうなるだろうか。

これらを人事部が集計しようとしたら、まず、すべてのデータの形式を揃えることに多大な時間が取られるだろう。それ以前に、分単位で管理しているデータと15分単位で管理していデータを同じデータとして取り扱ってよいかという問題も発生する。

この例から、データがバラバラに存在していても、そのままでは使えないことがわかってもらえたと思う。

一方で、人事部があらかじめエクセルのフォーマットを作成して全事業部に配布していれば、後の集計が楽にできる。形式を固定したフォームへ入力してもらえば、集計の手間もない。

これがバラバラのデータを統合するということであり、それは極めて大きなインパクトをもたらすこととなる。

デジタル・フロンティアには、デジタル技術によって地上戦の支援をすることで、分散しているデータを集めようとしているプレイヤーが数多く出現している。

それらのプレイヤーがいかにデータを集めて、DXを実現しようとしているのかを紹介しよう。

⁜「キュレーション」が新しい価値を生み出す

第1章で解説したように、東南アジアではスーパーアプリによる消費者へのリーチが一段落して、分散データのキュレーションへとステージは進展している。

キュレーションとは、集めたデータを選別、分析、編集することで、新しい価値を生み出すことをいう。

分散データをキュレーションすることによるインパクトには、すさまじいものがある。ここでは、インドネシアのデジタル・フロンティアにおけるヘルスケアエコシステム改革の事例を見てみよう。

最初にインドネシアの医療制度について簡単に解説しよう。

インドネシアの医療にはさまざまな問題がある。地域によっては医療インフラが不十分で、特に地方都市では医療機関へのアクセスが困難である。また、医師や看護師などの医療従事者が不足しているため、適切な医療サービスを受けられない人たちもいる。

インドネシアには1万8000カ所の診療所があるといわれているが、それらの多くは政府が運営するものと個人経営のものとなっている。図3－1のような診療所が点在していて、それぞれ独自の経営をしている。

独立経営であることにより、診療所のサービスには大きなばらつきがある。品質向上のために、インドネシア政府は医療スタッフの教育や研修にも取り組んでいるが、国土が広く人口も多いインドネシアでは、全国的な医療サービスの均質化や品質向上は容易なことではない。

インドネシアが抱える医療の問題とは?

もちろん政府も、こうした状況を静観しているわけではない。インドネシアにはBPJS(Badan Penyelenggara Jaminan Sosial)という社会保障機関があり、2014年にBPJS Kesehatanという制度を導入した。これは全国民を対象とした公的医療保険制度で、低所得者から富裕層まで幅広い層の人々に医療サービスを提供することを目的としている。

BPJS Kesehatanはスマホアプリも提供している。このアプリでは、保険証のデジタル版を提供するとともに、さまざまなサービスへのアクセスもできるようにしている。たとえば、近くの診療所や病院を検索したり、診察の予約を行ったりすることもできる。

このような取り組みによって、BPJS Kesehatanは利便性を向上させて、加入者を増や

図3-1 ジャカルタの診療所

している。

しかし、診療データや経理データは診療所ごとに管理されていて、一元的に把握することは困難となっている。先ほど取り上げた「バラバラなデータの問題」である。

また、それぞれの診療所が診療データや経理データを独自に管理し、その内容を基にBPJSに保険金の請求をしているのだが、申請内容に不備があったり、審査に時間がかかったりするため、BPJSから診療所への保険金の支払いが遅れることもある。その結果、診療所の資金繰りが悪化する。

診療所の経営者としては、できるだけ患者へのサービス提供に集中したいところを、事業継続のための資金繰りに頭を悩ませなくてはいけないのである。

「ドクターツール」がデータを集約した結果

このような状況の中、あるスタートアップ企業がデータを集約することで、医療改革を起こそうとしている。それが「ドクターツール」(Doctor Tool)である。

ドクターツールは診療所のオペレーション改善に特化したクラウド型のシステムを開発。同社が開発したシステムは、患者の予約から診療、医療費の支払いまでを一元化している。

このようなシステムはこれまでのインドネシアにはあまり存在せず、導入コストの安さもあり、一気に広まった。ドクターツールの経営陣の話によると、コロナ禍でも成長を続け、これまでに導入した診療所数は450に及ぶという。

医師や診療所のスタッフは、ドクターツールを使って業務をこなすことで、業務が標準化される。また、煩雑な紙の処理に追われることもなくなるため、医療サービスの向上に集中することもできる。

保険金の請求に関しても、ドクターツールのインターフェースから入力された患者の診療データは、統一された形式で一つのデータベース内に格納されているため、診療所が手作業で作成したデータと比較して圧倒的に信頼性の高いデータとしてＢＰＪＳに認識される。ドクターツールが作成した申請データは直接ＢＰＪＳに転送され、スムーズな審査につながる。結果として、診療所の資金繰りも改善することになる。

このようにして、診療所のオペレーション改善をすることでデータを収集し、そのデータを使用することでＢＰＪＳとの連携をスムーズにすることができたのである。

診療データの一括管理で、医療はどう変わるか？

将来、さらにドクターツールを使用する診療所が増えたら、どのようなイノベーションを起こすことができるかを考えてみよう。

まず、全国の医師の稼働状況をリアルタイムで把握できるようになる。もし、医師が特定の地域に偏在していたら、医師が不足している地域に移動してもらうことも可能かもしれない。

また、物理的な移動をしなくても、序章で紹介したゴジェックのhalodocのような仕組みを使えば遠隔医療を普及させることができる。医師にとっても追加で収入を得ることができるだろう。

また、特定の疾病が流行する傾向をいち早く察知することができれば、他の診療所にその情報を共有して注意喚起を促すこともできる。国民に対してその情報を直接提供することができれば、早期に流行を抑えることもできるだろう。効果的な予防医療プログラムを提供することができれば、国全体の医療費抑制にも貢献することができる。

さらに、診療所間の品質差を分析することで、より効果的なトレーニングプログラムを開発できるようになるだろう。トレーニングの効果についてもデータを分析することで正確に把握することができるので、トレーニングプログラムの改善にもつながる。

このように、それぞれの診療所より集めたデータを使えば、インドネシア全体の医療改革につなげることができる。そして、診療所はドクターツールを使って業務を遂行することで、業務の品質や効率が上がるだけでなく資金繰りも改善するため、より積極的にシステムを利用するインセンティブとなる。

日本も対岸の火事ではない

インドネシアの医療問題は、日本でも対岸の火事ではない。

多くの地方都市では、医師や看護師の不足が社会問題化している。これは医療分野に限った話ではないが、若い医療スタッフはキャリアアップや生活の利便性を求めて都市部に流れている。

厚生労働省が平成30年に発表した『医師偏在対策について』では、岩手県の盛岡市では人口10万人当たり医師数が275人に対して、宮古市では115人となっている。長野県では、松本市が343人に対して、木曽郡では115人となっている。

一方で、高齢化が進んでいる地方都市では医療ニーズが高くなっている。しかし、それらの高齢者の多くは移動手段が限られていて、医療機関への移動が大きな負担となっている。

∷ 東南アジアに後れを取る日本の遠隔医療

医療スタッフの偏在を解消するために期待されているのが遠隔医療である。しかし、日本では主としてオンライン診療は再診の場合に限られるなど、さまざまな制約があったことから、あまり普及してこなかった。

２０２０年に始まったコロナ禍は、オンライン診療に対する追い風となった。具体的には、コロナ禍が収束するまでの期間に限って、オンラインや電話での診療を初診時から実施できるという時限的・特例的な要件緩和が行われた。

結果、『令和3年版　情報通信白書』によると、初診からオンラインや電話で診療を受けられる医療機関は２０２０年末に約７０００機関まで増加した。しかし、全体の医療機関に占める割合では６％強にとどまっている。

一方で、デジタル・フロンティアである東南アジアでは誰でも遠隔医療を受けることができる。たとえば、インドネシアでは前述の halodoc を使って、出勤している医師の一覧を閲覧することができ、その場でオンライン診療を受けることができる。また、処方箋に合わせて薬の配送を受けることもできるので、すべて自宅で完結する。

デジタル・フロンティアはこの分野で日本よりもはるかに進んでおり、日本でもこうしたアプリによる改革が望まれる。特に、医師の不足が社会問題化している地方都市において、遠隔医療は極めて効果的なソリューションになるであろう。

パパママショップのデータが、サプライチェーンを変革する

国民の生活を支える「ワルン」

これまでに何度も登場してきたパパママショップは、東南アジアの国民を支える重要な社会インフラとなっている。

たとえば、インドネシアにはワルン（Warung）と呼ばれるパパママショップがあちこちに存在し、その数は３５０万店舗以上といわれている。パパママショップの多くは家族経営で、家族が店主や店員として働いている。また、地域住民が集まるコミュニティとしての役割も担っている（図３－２）。

しかし、その経営はお世辞にも効率的とはいえない。

一般的にパパママショップは、商品が不足すると他の小売店や卸売業者から商品を購入する。しかし、他の小売店や卸売業者の在庫データが共有されているわけではないので、近くの小売店に行ったところで在庫がなければまったくの無駄足になる。卸売業者に問い

図3-2 地域住民が集まるパパママショップ

合わせても在庫がなければ、その商品はしばらくの間品切れが続いてしまうことになる。

このように極めて非効率なオペレーションが展開されている。

あまりに複雑なサプライチェーン

問題をより複雑にしているのが、インドネシアのサプライチェーンが極めて多層化していることだ。

1万7000以上もの島に国土が広がるインドネシアにおいて、メーカーや大手商社から直接全国に350万店舗も点在するパパママショップに商品を届けることは現実的ではない。そのため、インドネシアではメーカーから消費者までの間に多数のプレイヤーが存在している。多層化したサプライチェーンが存在することで商品を末端まで流通させることができるが、以下のような問題も生み出している。

まず、多層化したサプライチェーンには中間業者が多く存在しているため、それぞれの業者が利益を得ることで、最終消費者が支払う小売価格が高くなる。また、多くの中間業者が介在することで、商品の品質管理が難しくなる。結果として、品質の劣化や偽造品が市場に出回るリスクが高まる。さらに、多層化したサプライチェーンでは、物流の手間が増えるため、非効率であることに加えて、環境への負荷も高まる。

これらの問題はインドネシアのみならず、多くの新興国で深刻な社会問題となっている。

もちろん、大手商社が小規模な中間業者をバイパスし、効率化したサプライチェーンを作ればいいのだが、多くの場合、こうした試みは失敗に終わっている。その理由の一つは、中間業者が既得権益を手放そうとしないことである。

また、パパママショップの在庫データや発注データは一元的には管理されていないことも、受発注や配送の共有化などを阻害する要因となる。

タバコメーカーが起こそうとしている変革

では、どのようにすれば多層化したサプライチェーンの改革を進めることができるのだろうか。そのためには、既得権益を打破するためのビッグデータを収集することが必要となる。

そうした企業の一つがジャルムグループ（Djarum Group）というタバコメーカーである。

ジャルムグループは、タバコ製造以外にもインドネシアを代表する銀行であるＢＣＡ銀行を保有し、不動産開発や家電の製造なども実施している。

また、ジャルムグループは、ブリブリミトラ（Blibli Mitra）というパパママショップ向けＥコマースの運営もしている。パパママショップのオーナーは、図３―３のようなアプリを使って在庫管理や発注管理をすることができる。ブリブリミトラでは、肉や冷凍食品、飲料や野菜など、幅広い商品を取り扱っている。

ポイントは、ジャルムグループがブリブリミトラを運営しているため、パパママショップは近隣の小売店や卸売業者から商品を購入する必要がなくなることだ。アプリを使うことで当然、データも一元管理できる。ジャルムグループとしてもパパママショップの品切れを減らすことで機会損失を減らすことにつながる。

スタートアップがあえて参入する理由

このようなパパママショップ支援事業には、ジャルムグループのような財閥のみならず、スタートアップも参入している。

図3-3 Blibli Mitraを使うパパママショップとアプリ画面

たとえば、2018年に設立されたシンバッド(Sinbad)というスタートアップは、ブリブリミトラ同様にパパママショップ向けのEコマースを提供している。シンバッドはオリジナル商品を含む5000種類以上の商品を販売し、150都市以上のパパママショップに配送している。

シンバッドはメーカーから直接仕入れてパパママショップに販売をしているため、多層化したサプライチェーンの打破を実現している。また、シンバッドはクレジットでの販売をすることで、パパママショップの資金繰り改善にも貢献している。

そして、当然これらの取引データはすべてシンバッドが一元的に管理している。

なぜ多くの企業がパパママショップのデータ収

集に注力しているのかというと、それが大きな変革を生む力になるからである。

デジタル技術が今ほど発達していなかった時代には、図3－4の左側のようにコンビニチェーンやスーパーマーケットチェーンが独自に縦割りのサプライチェーンを構築する必要があった。

しかし、現代では図の右側のように、サプライチェーンをレイヤー構造でとらえて、パパママショップのデータを集約することで横割りの大規模な改革を進めることができるのである。

⁜スーパーアプリがあれば日本も変わる？

インドネシアの場合、こうした新しいサービスが非効率な流通や既得権益を破壊しつつある。日本ではどうだろうか。

日本では○○ペイや○○ポイントといった決済サービスやポイントプログラムが乱立している。結果として、それぞれのサービス提供者が消耗戦を繰り広げていて、社会全体のDXにつながるような動きにはなっていない。

図3-4 小売業界のサプライチェーン改革

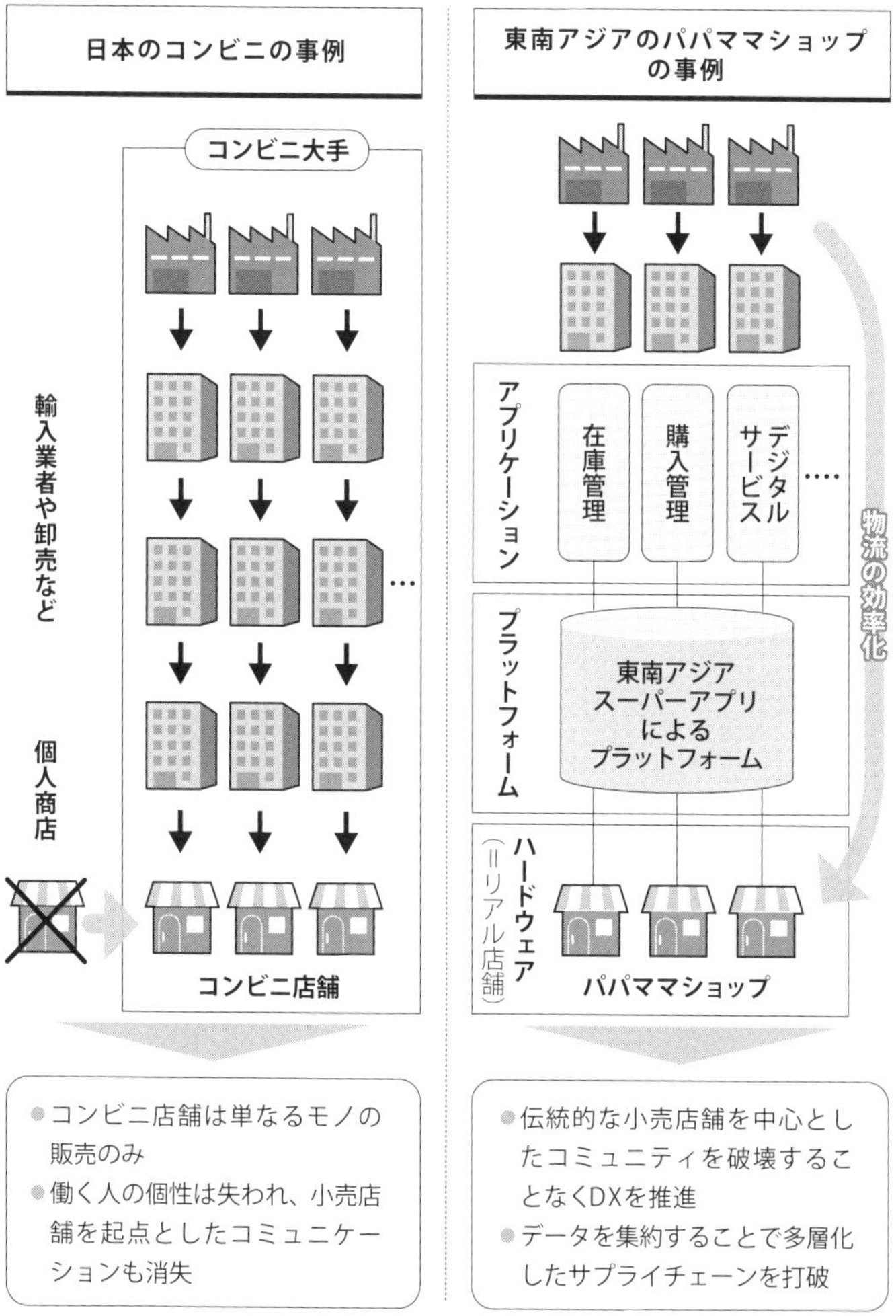

また、日本の商店街は一見、手を組んでいるように見えても、実際にはやっていることがバラバラなことが多い。店によっては現金決済のみの取り扱いだったり、クレジットカードや交通系カードも使えたり使えなかったりと統一感がない。また、紙のポイントカードを発行している店もあれば、独自にスマホアプリを活用している店もある。さらに、配達を受けつけている店もあれば、受けつけていない店もある。

消費者としては、そもそも決済手段が統一されていないので、店によって決済手段を選択する必要がある。紙のポイントカードやスマホアプリ、それぞれを管理するのも煩雑である。宅配をしてくれるかどうかもいちいち確認せねばならない。

インドネシアのようなスーパーアプリが普及すれば、こうした問題は解決される。データが一元的に管理されていれば、プラットフォームの共通化によるコスト低減や売上機会の増加も図ることができるだろう。さらに、商店街が一体となった取り組みも始めやすくなるかもしれない。大型ショッピングモールに対抗するためのプロモーション施策を商店街が一体となって仕掛けるといったことである。

たとえば、データ分析の結果、週末に大型ショッピングモールへ家族客が流れていることがわかったら、週末に商店街を挙げたイベントを企画してもよいだろう。他の商店街と連携して祭りなど街おこしのための大規模なイベントを開催してもいいかもしれない。

顧客側も決済システムやアプリが統一されていれば便利だ。DMも消費者ごとに最適化されたものがまとめて送られてくるので、バラバラと送られてくるメールをいくつも読む必要がなくなる。また、家にいながらにして、生活に必要な食材や消費財を商店街の複数店舗にまとめて注文できたら便利だろう。

地元の商店街には、消費者の近くにいて、消費者の顔が見えるという強みがある。デジタルの力を使えば、それらをさらに強化することができる。これこそがまさにインドネシアをはじめとする東南アジアで起きていることであり、まさに、「半径5キロ圏内の問題解決から起きるイノベーション」といえるだろう。

キュレーションのポイントは「唯一無二性」

⁘ なぜ、新システムはすぐに使われなくなってしまうのか？

皆さんの周りには、高い費用をかけて導入されたのにまったく使われていないシステムがないだろうか。

たとえば、社内の活性化のために導入されたコミュニケーションツールなどである。導入された当初は経営トップや一部の社員が投稿をしていたが、今ではごく一部の人しか使っていないというシステムがあるのではないだろうか。

また、遠隔地にいる営業担当者を支援するための営業管理システム。一部の真面目な営業担当者は定期的に上司への報告や相談ごとなどを入力したかもしれないが、いつのまにかほとんど使われていないというケースもあるだろう。

なぜ、このような状況に陥ってしまうのだろうか。

それは、それらのシステムに「唯一無二性」がないからである。言い換えると**「そのシステムを使わないとできないことがあるか」**である。

いくら優れたコミュニケーションツールでも、それを使わなくても社員間の交流が十分に図れるのであれば、いずれ誰も利用しなくなるだろう。一方で、そのツールにアクセスしないと遂行できない業務があれば、利用されるはずだ。

同様に、営業管理システムを使わなくてもメールやチャットで上司にコンタクトできるのであれば、わざわざ使う必要はない。

一方、請求書を発行するために営業管理システムにデータを入力する必要があれば、すべての営業担当者が利用するだろう。

■日本の自治体でデータの統合が進まない根本的な理由

この唯一無二性を考えると、なぜ、シンガポールの国民ＩＤが普及し、日本がマイナンバーの普及に苦労しているかの理由が見えてくる。

日本のマイナンバーは、身分証明書としてであれば免許証や保険証、パスポートなどで代替可能である。また、マイナンバーカードを保有していなくても地方自治体に問い合わせれば、戸籍謄本や住民票などの証明書を取得することもできる。つまり、唯一無二性がないのだ。

一方、シンガポールでは建物に入館する際などに身分証明書として国民ＩＤカードの提示を求められることがあるばかりか、前述の通り各種公共・民間サービスを利用する際のシングパスやコープパスも国民ＩＤに紐づいている。また、免許証に記載されている免許証ナンバーも国民ＩＤと同一である。要は、国民ＩＤがない限り何もできないのである。

もう一つの理由は、日本に１７００以上存在している地方自治体が、各々で独自の戸籍データベースを持っていることである。それぞれ独自に運用されているので、記録方法や項目の数、データの形式などが異なる場合がある。この状態で、中央政府が全国的な統一データベースを構築するのは容易ではない。

また、1700以上の地方自治体がそれぞれ独自の戸籍データベースを運用しているということは、それぞれに担当者やITベンダーがいることになる。それによる既得権益も少なからずデータベースを統合する足かせになっていることだろう。要は、統一データベースができると仕事を失う担当者やITベンダーが抵抗勢力になりえるということである。

インドの「アドハー」の成功が教えてくれること

では、どのようにすれば、統合データベースを構築し、意味のあるものとして日本のマイナンバーの普及率を高めることができるのだろうか。必要なのは**「全体構想」**である。

インドには「アドハー」（Aadhaar。アーダールとも）という国民IDがある。2009年から導入が開始され、すでに13・7億人が登録をすませている。[※3] 指紋、顔、および虹彩

※3　Unique Identification Authority of India "AADHAAR Dashboard"

認証を利用した極めて高度な技術によって支えられている。

ご存じの通りインドは膨大な人口を抱える上に、貧富の差が極めて激しい。住民の戸籍すら整備されておらず、定住地を持たない人は銀行の口座などを作ることもできず、それがさらなる貧富の格差を生んでいた。戸籍がなければ、必要な助成金を必要な人に届けるのも難しい。当然のごとく、汚職もはびこっていた。

インド政府はこうした問題を解決するためには信頼できる身分証明書としての国民ＩＤ発行が不可欠だと考え、全体設計を行った。当初は無謀な試みとすら思われていたが、今では信頼できる身分証明書として普及したことによって、数億人の国民が銀行口座を開設できるようになり、生活給付金の不正受給も大幅に減らすことができた。

インドのアドハーは、まさに「全体構想」を描き、それに従って果断に政策を進めたことによる成功例である。こうした全体構想があればこそ、抵抗勢力に屈することなく、改革を進めることも可能となる。

民間へのプラットフォーム開放がカギを握る

アドハーの事例からはもう一つ、分散データの集約化のポイントが見えてくる。

アドハーはその後、この共通プラットフォームを民間にも開放した。そして、そこに多くのフィンテック企業が参入し、さらなるサービスの拡充が実現した。

たとえば、インドのEウォレット及び決済プラットフォームのPaytmは、アドハーを使用してユーザーの身元認証を行っている。アドハーをリンクさせることで、Paytm口座のセキュリティを向上させ、迅速な取引を可能にしている。

また、IndiaLendsは、アドハーを使用して顧客のクレジットスコアや信用情報を確認し、個人向けの融資やクレジットカードの申請をサポートしている。アドハーのデータを利用することで、迅速かつ正確な審査プロセスを提供している。

DXの成功事例を見てみると、その多くでは**優れたアーキテクト（設計者）が全体構想を描いた上で、当初は少数のサービスに特化してプラットフォームを構築し、その後にサービスを横展開している**。インドはまさにその好例である。

シンガポールも同様だ。国民IDのプラットフォームを開放したことにより、今では国民IDとシングパスを使用することで、民間サービスを含む1400以上のサービスが利用できる。

⁙小さく始めて徐々に広げていく

これは民間企業も同様である。インドネシアのゴジェックも、まずバイクタクシーの配車サービスを立ち上げてプラットフォームを構築している。その後はユーザーや社会のニーズに応える形で、決済、小売り、外食などに事業を拡大して最終的にスーパーアプリ化している。

「はじめに」に登場したマレーシア発のスーパーアプリであるグラブも、タクシーの予約サービスを2012年に開始し、その後ゴジェックと同様にさまざまなサービスを提供するスーパーアプリへと変貌を遂げている。現在では、8カ国400以上の都市で、消費者の生活を支えている。

ハーバード大学でMBAを取得したアンソニー・タンとタン・フイ・リンは、自身の経験から、マレーシアのタクシーの安全性や利便性を高めたいという動機でグラブを創業している。私もかつてマレーシアのタクシーに乗って、たびたび不当に高額な料金を請求されたが、グラブが登場してからはそのような心配が一切なくなった。

グラブもゴジェックも、今では東南アジア諸国の消費者にとって必要不可欠な社会インフラになったといえる。両社はライバル関係にあり、数年前にゴジェックがシンガポールに進出した際にはあからさまにグラブを意識した大規模な広告活動を実施していた。当時は両社が熾烈な競争を繰り広げて値引き合戦をしていたため、私も料金を比較して使い分けていた。

その後、コロナ禍における人の移動の激減やテック企業の株価暴落などを受け、両社の方向性が鮮明になってきた。

ゴジェックはトコペディアとの合併によりＧｏＴｏとなり、人口２・７億人の巨大市場であるインドネシアに経営資源を集中させている。ゴジェックはシンガポールではライドシェア事業のみを提供していて、フードデリバリーやＥコマースなどは提供していない。

一方で、人口３３００万人程度のマレーシアで創業したグラブは、より巨大な市場を求めて東南アジア全域での展開を目指している。

⌘「マイナンバー」は民間と組むべき?

日本のマイナンバーも、今あるものを寄せ集めて横串を通そうとするのではなく、まず白紙にプラットフォームの全体構想を描き、ゼロからシステムを構築すべきだったのではないだろうか。

また、シンガポールやインドの例でもそうであったように、デジタル先進国では国民IDデータを社会インフラとして民間に開放している。そうすることで、スタートアップでもすでにある国民ID基盤を利用してサービスをすぐに展開することができる。

国民感情もあり、日本でシンガポールやインドのように個人情報を共有することは難しいかもしれないが、サービス提供者ごとにIDを取得することは、大きな社会コストになっていることには言及したい。

普及率を一日でも早く高めるためのアプローチとしては、今あるデータベースを転用するという選択肢もある。

たとえば、約2000万人以上が保有しているパスポート情報をマイナンバーに転用することも考えられるし、民間サービスの持つデータを転用することも考えられる。約4000万のアクティブユーザーを保有しているといわれている楽天グループのIDを転用すれば、乱立している○○ペイによる不毛な競争に終止符を打てるかも知れない。

当然、これらの手法にはデメリットもあるし、実現へのハードルもある。

しかし、こうした貴重な資源を最大限有効活用できるよう、行政と民間という枠組みを超えて協力し合うことができるならば、日本がDX先進国として名を馳せる日もそう遠くはないかもしれない。

第4章

「すべてをデータ化」で生まれるイノベーション

見えないものも「データ化」せよ

❖ あらゆるものがデータ化できる時代

私たちの生活は、インターネットの誕生で劇的な変化を遂げた。具体的に何が変わったのかというと、データを世界中で共有し、検索できるようになったことである。

そこへ、スマホが登場したことでポータビリティが加わり、より一層私たちの生活を変えることになった。

たとえば接客業では、かつては紙のマニュアルを配布して、人が都度トレーニングをしなければいけなかったが、今では動画を作成して社内へ配信すれば、基礎的なことはすぐに習得してもらうことができる。自動で字幕をつけられるので、外国人労働者のためにわざわざ翻訳する必要もない。

また、これは社内に閉じた話ではなく、接客マナーの動画を作成し、YouTubeなどの動画サイトで世界中の視聴者と共有することも可能である。評判のよい動画は一気に拡散されるので、優れたノウハウを世界中の人たちが簡単に学べるようになった。

日本の大学は圧倒的に遅れている

ただ、この分野については正直、日本は遅れているといわざるを得ない。

たとえば、講義を積極的にデジタルコンテンツ化している日本の大学はどれほどあるだろうか。有名大学であっても、講義の動画をオンラインで公開しているケースはまだ少ないのではないだろうか。

海外の有名大学では、多くの講義がオンラインで公開されている。無料で公開されている講義も多くあるし、学費を支払えば世界のどこにいてもオンラインで有名大学の卒業資格や受講証明書を取得することができる。

もちろん、日本にも積極的に講義をデジタルコンテンツ化している大学もある。オンラインに特化した大学を運営するビジネス・ブレークスルーでは、約1万時間分のコンテンツを保有しているそうだ。

学生は世界中から好きな時間に講義を受講できるため、場所と時間による制約がなくなる。また、教師は同じことを繰り返し教える必要がなくなり、議論のファシリテーションや新たなコンテンツの制作に集中することができる。

日本の有名大学の教師がどれだけ優れた講義をしていたとしても、教室やウェブ会議に集まった限定的な学生にしか価値を伝えられない現状は、残念でしかない。

知らないところで進むデータ化

世界では私たちが気づかないところで、日々さまざまなものがデータ化されている。

たとえば、消費者がファストフード店のドライブスルーで注文した内容は、音声認識技術によって自動的にデータ化されている。このことで、人間が対応するよりも正確に消費者の注文を把握し、効率的な注文管理を実現している。

また、スーパーマーケットなどのショッピングカートにはRFID（Radio Frequency Identification。電波を用いて情報を非接触で読み書きするシステム）が搭載されていて、消費者の店舗内での移動履歴が記録されている。このデータを店内のカメラやPOSデータと合わせて活用することで、商品の需要予測や、棚割りの最適化が行われている。

こうした取り組みはまさにDXの本流とも呼べるもので、あらゆるところでさまざまな取り組みが行われている。

しかし、私が注目するのは、東南アジアにおける「半径5キロ圏内の問題解決」におけるデータ活用である。

市民の声をデータ化する「クルー」の斬新さ

一例を挙げよう。クルー（Qlue）というスタートアップは、2016年からジャカルタ州政府とともにスマートシティ構想の実現に向けた取り組みを実施している。具体的には、クルーは市民にスマホアプリを提供し、交通渋滞やごみ問題などを市民が政府に報告できるようにしている。そして、その報告内容は関連する地方公共団体に自動的に転送され、その後の対応状況を追跡することができる。

たとえば、破壊された道路を見つけた市民は、クルーのアプリに画像をアップロードして州政府に報告することができる。それに対して州政府の担当者は対応状況を画像とともにシステムにアップロードすることが求められ、その対応状況は他の市民もモニタリングすることができる（図4－1）。

日本では行政に何らかの問題を報告したところで、それがどのように処理されたかを知ることはなかなか難しい。しかし、この仕組みならそれが可能になるし、他の市民の目が入っている以上、行政も放置することができない。

そもそも日本では、問題を発見したとしてもどこに通報していいかわからない人も多いだろう。このアプリは気軽な通報を促すことができる極めて優れた仕組みといえる。クルーの創業者によると、日本の愛知県南知多町で住民活動の促進に向けた実証実験を開始しているそうだ。

そして、より重要なのは、クルーは「市民の声」をデータ化している、ということだ。

クルーはこうして収集したビッグデータを解析し、都市のさまざまな問題を可視化するための「スマートシティダッシュボード」も開発している。これは、地方公共団体や民間

図4-1　Qlueを使った市民による報告と行政による対応状況

企業による意思決定をデータ・ドリブンにし、ジャカルタなどの都市がスマートシティとして成長するのを支援している。

たとえば、スマートシティダッシュボードではリアルタイムな渋滞情報を可視化している。このデータを基に配送業者が配送計画を作れば、より効率的な配送を実現することができる。また、人流データを基に小売りチェーンが出店計画を作れば、より効果的な立地に出店をすることができる。

こうして、埋もれがちだった「市民の声」や情報が、社会を変えるための貴重なデータとなったのである。

スタートアップ支援のポータルを国が運営

ちなみにインドネシア政府はこうしたスタートアップを支援して社会問題を解決するために、「data.go.id」というデータポータルサイトを運営している。

このサイトには、GDP、インフレ率、投資額などの経済データ、人口、教育、健康、災害などの社会データ、大気汚染、水質、廃棄物処理などの環境データ、さらには都市計画、河川、道路、衛星画像などの地理データが格納されている。API（Application Programming Interface。アプリやソフトウェア同士をつなげるためのインターフェイス）が公開されているため、開発者がデータを自由に利用することができる。

クルー以外にも、災害現場でドローンを活用し、被災者の救助や復旧作業を支援するスタートアップなども「data.go.id」のデータを活用している。地形情報や気象情報などを分析し、災害発生時の被害状況を正確に把握することができている。

たとえばカリマンタン島の森林監視にドローンを活用。ドローンを使った撮影により、密猟者や森林火災を早期に発見したり、森林の生態系の状態を評価したりしている。

また、南スマトラ州のコーヒー農場でもドローンを活用し、コーヒー栽培の作業の効率化を図っている。ドローンによる収穫作業をすることで、手作業と比較して作業時間の短縮や収穫量の増加を実現した。

「人間の声」というアナログをデータ化する意味

話をクルーに戻そう。クルーの素晴らしいところは、**市民の声といういわば「アナログ」なデータをデジタル化し、スマートシティづくりに貢献しようとしている**ことだ。

スマートシティというと、センサーなどを使った行動解析といったデジタル化ばかりが注目されがちである。しかし、デジタルに処理をすることの危険性は、評価軸が画一化されることである。

序章で中国の信用スコアについての話をしたが、もし皆さんの人としての価値がたった一つの基準で評価されるとしたらどう感じるだろうか。人の個性や独自の考え方がデジタルに評価されすぎてしまうと、社会の均質化が進み、閉塞感を生み出す。インターネットの普及によって、世界中でデータが共有され、検索できるようになった。結果として、私たちは家族や友人、同僚やクラスメイトなど、周囲にいる人たちだけでなく、世界中の人たちの影響を受けるようになった。

それがもたらしたのは、評価軸の画一化である。インフルエンサーがＳＮＳで何かを投稿すると、瞬く間に世界中に拡散される。それらを基にウェブ記事も執筆されるので、一回の投稿が持つ影響力は計り知れない。ドナルド・トランプやイーロン・マスクの影響力を見れば、それを容易に感じることができるだろう。

このような動きは、昨今話題になっているＣｈａｔＧＰＴに代表される生成ＡＩによってさらに増幅されることになるだろう。ＣｈａｔＧＰＴは、世界中に存在しているデータを基に良質なコンテンツを無限に創造し続ける。

つまり、善意か悪意かにかかわらず、何らかの意思を持った人間の主張を増幅するようなコンテンツを無限に生成することが可能になっている。テレビや新聞だけの時代には、一つの事象について、周囲の人たちとだけ話して終わっていた。それが今では、一つの事象や個人の意見が何重にも増幅されて拡散される。そのことが現代の価値観の均質化を生み出しているといえる。

五感で得られたデータこそ重要

このような時代にこそ、人間の持つセンサーに最大限頼るべきではないだろうか。人には、視覚・聴覚・触覚・味覚・嗅覚という五感を知覚するためのセンサーが備わっている。また、それらのセンサーから得られたデータは、各人の過去の記憶と結びつけることで意味を持つようになる。

たとえば、新鮮な牡蠣を食べたときに、それを本当においしいと思う人がいれば、過去に食中毒になったことを思い出し、恐る恐る食べる人もいるだろう。同じ味覚から得られたデータでも、解釈は人それぞれである。食べログのレーティングが高ければ、誰が食べてもおいしいということではないのである。

あらゆるものがデータ化されて、判断軸の均質化が進む現代にこそ、本来人間が持つ多様な価値観を維持するための仕組みの構築が求められる。その意味で、市民が参加型で各人が持つアナログなセンサーから得たデータを平均値化したり、増幅したりせずに最大限活用しているクルーのイノベーションは大いに注目される。

「通勤者データ」がタイと日本を変えつつある

✖「日本産業界の裏庭」で起こっているある問題

タイは「日本産業界の裏庭」ともいわれ、自動車やエレクトロニクスなどにかかわる多くの日本企業が工場を有している。ジェトロの「タイ日系企業進出動向調査2020年」によると、その数は2344社に達しており、日本にとってとても重要な製造拠点となっている。

タイにはアマタナコン工業団地やラートクラバン工業団地、ラヨーン工業団地など、多数の工業団地があり、それぞれ特徴を有している。

ただ、多くの場所では電車やバスなどの公共交通機関が整備されていない。結果、従業員の多くは、企業が用意したシャトルバスに乗って通勤している。

しかし、シャトルバスは従業員の自宅まで送り迎えはしてくれず、従業員は企業が決めた停留所を使わなくてはならない。また、通勤ルートは人間が作成したもので、必ずしも効率的なルートにはなっていない。さらに、シフトの変更や急な残業が発生した場合は、当然、シャトルバスのルートや時間も変更しなくてはならない。この作業はもちろん、手作業で行われることになる。

「アルゴリズム」でバスを最適化するSWAT

ここで重要な役割を果たしつつあるのが、あるスタートアップだ。

スワット・モビリティ（SWAT Mobility。以下、ＳＷＡＴ）という、オンデマンドバスのアルゴリズムを開発しているシンガポールの会社である。

ＳＷＡＴは２０１６年に設立後すぐにシンガポール政府からの案件を受注し、また、早期に海外への進出も果たしている。

オンデマンドバスというのは、固定ルートで決められた時間通りに運行する通常のバスとは異なり、ユーザーの予約に基づいて運行される交通サービスである。ユーザーが専用のアプリを通じて乗車予約を行うと、指定された場所と時間にバスが到着する。

オンデマンドバスの利点は、ユーザーの乗車予約に合わせて時間やルートを設計できることである。これにより、ユーザーは何時間もバスを待つことがなくなり、事業者側も誰もいない場所に空のバスを走らせるような無駄が減る。

つまり、ユーザーにとっての利便性をもたらすだけではなく、ルートの最適化による事業者の運行コストの低減にもつながる。

ここで重要になるのが、ニーズとコストに合わせて最適なルートを選択するためのアルゴリズムである。SWATは、優れたアルゴリズムを開発するために、優秀なAI技術者を東欧諸国から採用している。

SWATが開発したオンデマンドバス向けのアルゴリズムは国際的にも高く評価されていて、アルゴリズムの世界的なベンチマーク機関であるLi & Lim Benchmarkにおいて、常

に世界トップクラスの優れた結果を残している。[※4]

通勤が一気に快適に、さらにコストダウンも

SWATは、タイにおける未整備な公共交通機関が抱える問題に目をつけた。

2021年にタイに進出したSWATは、工業地帯が抱える問題解決に取り組んだ。従業員の「利便性」や企業の「経済性」などである。

SWATが注目したのは企業ごとの従業員のシフトと住宅の位置情報である。それらのデータを入手することで、企業ごとにルートの最適化を図った。従業員にとってより利便性の高い停留所を設置し、効率的なルートを設計したのだ。

そのことによって、従業員はより近い停留所を使うことができ、通勤時間を減らすことができた。

また、急な残業やシフトの変更に関しても、このアルゴリズムがあれば瞬時に最適な時

※4 SWAT Mobility website

間やルートの設定が可能となる。

SWATのアルゴリズムを使ったことで、一般バス会社がシャトルバスを走らせるよりもはるかに効率的な運用が可能となり、最大30％のコスト削減にもつながっている。

SWATは、多くの従業員を抱える産業分野に積極的に働きかけていった。多数の従業員が1カ所の工場やオフィスに移動する場合、ルートの最適化がしやすいため、より多くの改善効果が見込めるからだ。SWATを利用した企業では、従業員の利便性を高めることで、従業員満足度の向上を実現することができている。

これもまさに「データ化の力」だ。従業員の通勤経路と企業のシフトなどの情報を組み合わせたことで、自動的に最適解が得られるようになったのだ。


また、SWATの経営陣の話によると、SWATは特定企業の従業員のみならず、一般利用者向けサービスを展開することも視野に入れている。

たとえば、鉄道会社と連携してオンデマンドバスを運行することで、自宅から最寄りの駅まで、または工場やオフィスから最寄りの駅までの移動を支援するためのサービスも可能となる。利用者はアプリで予約をすることで、このオンデマンドバスを利用することができる。

こうしたSWATの改革により、公共交通機関が未整備で不便だったタイの通勤事情は大きく変わりつつある。

実は日本でも改革が始まりつつある

実はSWATは東南アジアでの経験を基に、日本の地方都市の支援も始めている。日本の多くの地方都市では、過疎化によって固定ルートのバスの運行が困難になっている。SWATは現在、複数の地方都市での実証実験を展開している。

DXに懐疑的な有識者はよく「日本の地方都市は保守的だから新しいものは受け入れないだろう」「すでに運営している事業者の反対にあうからスタートアップによる変革などできない」と反論する。ではなぜ、SWATは多くの都市に進出することができているのだろうか。

それは、**SWATが提供するサービスは既存事業者を代替するというより、既存事業者の改善による生き残りの道を開くもの**だからである。

SWATは、北九州市交通局の路線バスのダイヤ改正の支援を行っている。

通常のダイヤ改正には数人がかりで半年から1年程度データを集め、分析する作業が必要となるそうである。それに対してSWATのアルゴリズムは、データを取得するとすぐにユーザーの移動パターンを把握し、最適ルートを提案することができる。つまり、大幅な効率化を図ることができる。

また、手作業でのデータ取得と分析では把握できなかった、まったく利用されていないバス停なども発見することができる。さらに、それまで見えていなかったCO_2の排出量なども可視化されることで、これからの経営にとって重要なテーマである環境負荷を軽減する取り組みも期待される。

この北九州市における実証実験を皮切りに、日本各地にSWATとの取り組みが広がっている。

タイと日本の地方都市では、置かれている状況が異なる。人種や文化も異なるし、タイの工場労働者向けには高齢化対策など必要ない。

しかし、特定のユーザーの行動を分析して最適なルートを設計するというソリューションは共通して使える。高齢者はスマホを使えないからオンデマンドバスを使えないなどという表面的な事象のとらえ方では、社会問題を解決する機会を逸してしまう。

デジタル・フロンティアから学ぶには、抽象化して構造的に物事をとらえる力が問われるのである。

「既得権益」を破壊するには？
――タイの農業スタートアップ

コメ、ヤシ油、スパイス……豊かな農業国であるタイ

次に、非効率なタイの農業を変革しているデジタル・フロンティアの事例を紹介しよう。

タイの農業はGDP構成比6％程度ではあるが、国内における労働力人口の約3分の1が従事している一大産業である。[※5]

タイは世界最大のコメ生産国の一つで、特にジャスミン米はタイの特産品として国際的にも高く評価されている。国内の多くの地域に水田が広がっていて、温暖な気候を生かして一年に2回収穫されることもある。

それ以外にも、タイは天然ゴムの最大生産国として有名である。天然ゴムの生産は主として南部の湿潤な地域で行われている。

タイはまた、ヤシの生産も盛んな国である。ヤシの果実は食品や飲料として加工され、日本にも輸出されている。また、ヤシ油は料理や化粧品、バイオディーゼルなど、幅広い用途に用いられている。

日本でも人気の高いタイ料理に使われる食材であるレモングラス、ライム、バジル、コリアンダー（パクチー）などのスパイスやハーブも広く栽培されている。

気候変動がじわじわと迫っている

このように農業はタイにおける最も重要な産業の一つだが、いくつかの大きな問題も抱えている。

まず、タイの多くの農家は気候変動による影響を受けている。２０１１年の大洪水では

※5　The International Trade Administration, U.S. Department of Commerce "Thailand Country Commercial Guide"

日本のメーカーを含め多くの企業が深刻な影響を受け、その被害は日本でも報道されたが、それ以降も気候変動による洪水はタイの多くの地域において、特に農業への大きな影響をもたらしている。また一方で、予測不能な乾季の長期化に見舞われている地域もあり、灌漑が遅れている農園の収穫量に多大な影響を与えている。

また、タイの農家では化学肥料と農薬の使用に関するノウハウが不足している。結果として、土地に合わない化学肥料や農薬を使用したり、その使用量を誤ったりすることで、収穫量や環境に悪影響を与えている。日本と同じようにタイ各地にも農協が存在しているが、教育するための人員が不足しているため、十分な指導ができていない。

これらの問題を解決しようにも、タイの多くの農家や農協では資金が不足しているため、抜本的な解決策を講じることができない。また、若者の農業離れも深刻な問題となっていて、農村部の人口減少を引き起こしている。

※ アプリに従うだけで、生産性が格段に上昇

リッスンフィールド（ListenField）というタイのスタートアップは、こうした農業の

問題をデジタルで解決しようとしている。最高経営責任者は日本で博士号を取得したタイ人で、主要メンバーには日本人も含まれるなど、多国籍なチームで運営されている。

たとえば、定期的に人工衛星のデータを取得することで、農地の状況を把握。そのデータを基に人工知能を使って必要な化学肥料や農薬、水量を計算し、農家に対してアプリを通してスマホなどの端末で指示を出す。

農家はアプリに表示された指示に従うだけで、効率的に収穫量を高めることができる。経営陣に聞いた話によると、リッスンフィールドの支援を受けた農家では20％の収穫量増加に加え、15％の原材料費削減や25％の作業効率化を実現しているそうだ。

図4−2はタイの水田での使用事例で、農家はアプリの指示に従って肥料を散布している。このプロジェクトは、日本の農研機構の官民研究開発投資拡大プログラム（PRISM）の支援の下、野村総合研究所や農業情報設計社、２０２１年にリッスンフィールドに出資したクボタと共同で実施されている。

また、リッスンフィールドは農地にセンサーをつけることで、より詳細なデータを取得する取り組みも行っている。

図4-2　ListenFieldが支援するタイの農家

これまでのいわゆる農協モデルのアプローチは、農家に指導するための人員を育成し、全国各地の農家を訪問して化学肥料や農薬の使用についての教育を施すといったものであった。

しかし、それには多大な時間と労力がかかるし、本当に教えた通りに実行しているかは、後で確認しに行かないとわからない。

一方、アプリで情報を提供し、人工衛星やセンサーによって農地データを取得できれば、わざわざ教育するための人材を育成する必要もなければ、その検証も容易に可能となる。

農業分野の既得権益の壁は厚い

日本でも農業は既得権益の壁が厚い分野として認識されているが、これはタイをはじめとする東南アジアも同様である。

私は以前、東南アジアの農地から市場までのすべての関係者に、コールドチェーンの導入についてのヒアリングをしたことがある。コールドチェーンとは冷蔵・冷凍機能のついたトラックなどを用いることで、生産地から小売りまで鮮度を保ったまま流通させる仕組みを指す。コールドチェーンがないため、東南アジアの野菜の3割程度が最終的に廃棄されているという話を聞き、何とかならないかと感じたからである。

しかし、ヒアリングをしても、誰もほとんどそのことを問題だととらえておらず、追加費用をかけてまでやり方を変えたいと思っている人は皆無だった。明らかに本人たちのメリットになる提案であるにもかかわらず、誰もが現状を変えたくないと思っていたのだ。

しかし、リッスンフィールドはタイの農業を変えつつある。アプリの導入には手間も費用もそれほどかからず、かつ、目に見える成果が出るからだ。ここに、既得権益を突破するヒントがある。

「現場のデータ」が既得権益を壊す

リッスンフィールドは農家や農協の支援をしているが、その過程で取得したデータを使用することで、農業を産業として大きく変革することができる可能性を持っている。

収穫した農作物を一元的にデータ化することができれば、流通や価格のコントロールも容易になる。サプライチェーンの可視化を進めることができれば、認可されていない化学肥料を使っている農作物の流通を減らし、東南アジアの一部で社会問題となっている化学肥料による健康被害なども改善できるだろう。

さらに、全国の農協や農家を統合するプラットフォームにまで発展させることができれば、化学肥料や農薬の価格をコントロールしたり、自然や健康に優しい有機肥料を一気に流通させたりすることもできる。前述のコールドチェーンの導入もスムーズに進むだろう。

そのプラットフォームをEコマースとして顧客に公開すれば、オンラインで販売して、配送も効率化することができる。

また、タイの農業の一大脅威となっている気候変動に対して、別のアプローチをすることも可能だ。たとえば農業保険の提供だ。自然災害による収量減少や価格低下など農業従事者の自助努力では避けられない収入減少を補償するという保険は現在でもあるが、個別の農家が収穫量を測定してから保険金の請求をするとなると、農家にとってもそれを確認する保険会社にとっても負担が大きい。

農地データを定期的に、自動的に取得するシステムがあれば、農家や保険会社の負担を大きく減らすことができる。農業保険の精度もますます上がり、保険加入者もどんどん増えていくだろう。

どのような産業であれ、既得権益がある以上、イノベーションを起こすのは容易ではない。しかし、**現場のオペレーション改善で得たビッグデータの力を使えば、ストラテジーやイノベーションレイヤーでの変革を起こすことが可能**になる。

「集めただけ」では失敗する——無駄なデータと使えるデータ

■睡眠時間を削った入力作業がまったくの無駄に……

ここまでデータ、特に多様かつ多量のデータの集合体であるビッグデータの重要性について解説してきた。近年特にビッグデータの重要性が問われ、「データ・ドリブン経営」といった言葉も使われるようになった。

では、多様かつ多量なデータを集めれば変革が起きるのかというと、決してそのようなことはない。何も生み出さないデータを集めても、単にストレージを浪費してしまうだけである。

一つ、例を挙げよう。

私が経営コンサルタントになった20年前には、今のように手軽にデータを手に入れられる状況ではなかった。たとえば、データを印刷した紙の帳票があっても、その同じデータをホストコンピューターから欲しい形でダウンロードすることができず、紙の帳票を出してそのデータをエクセルに打ち込んでから分析するようなこともしばしばだった。

新人の私がアサインされたあるプロジェクトは、自動車メーカーの海外戦略を考えるものだった。例によってそのまま使えるデータが手に入らず、新人の私はあらゆるデータをエクセルに入力する必要に迫られた。

ある日、先輩コンサルタントから依頼されたのは、60カ月分の拠点ごとのパーツの在庫量をエクセルに入力するというものであった。パーツ数、拠点数ともに約200ずつあったため、入力するデータは1カ月分で約4万個になる。当時はOCR（Optical Character Recognition：光学文字認識）技術も発達していなかったので、帳票の数値を自動的に読み込むこともできなかった。

当時の私は在庫データの使用目的も考えず、先輩コンサルタントの指示に従って、ひたすらデータを入力した。睡眠時間を削って3日ほど入力を続けたが、作業は一向に進まない。そこで初めて、先輩コンサルタントにこのデータの使用目的を質問した。

すると実は、先輩コンサルタントの仮説を検証するためにはパーツごとの詳細なデータは不要で、カテゴリごとのデータさえあれば初期的な検証には十分だということがわかった。作業を始める前に確認しなかった私が悪いのだが、もしそれがわかっていれば、3日もあれば入力は終わり、すでに分析作業に取り掛かることができていた。

この事例のような仮説検証目的であれば、仮説を事前に設定することで取得するデータは大幅に削減できる。つまり、**データを集める際にはその目的を最初に明確にすることが不可欠**だということだ。

POSデータの限界

もう一つは、**「IDと連動しないデータにはあまり意味はない」**ということである。

以前から行われているデータ分析に「POS分析」がある。POSデータとは、小売店や外食店のレジから取得できる売上データで、かつては店員がレジで「年齢」や「性別」といった顧客属性を打ち込むことで、どんな属性の人がいつ、何を買ったかがわかった。たとえば「1997年1月31日 午前11：30 男性 30代 ジョージア・ブルーマウンテン190㎖缶 1本 現金購入」のようなデータとなるわけだ。

このデータを用いることで、さまざまなオペレーション改善が可能となる。特定の商品の売上が伸びていることがわかったら、その理由を追究してキャンペーンを打つ。缶コーヒーとクロワッサンが同時に売れていたら、セット販売を考える。あるいは、売上が少ない時間帯の店員数を減らす。

また、ストラテジーレイヤーでは、地域ごとの店舗の出店戦略を考える際、店舗の適正配置を実現するためのデータとして役立つだろう。あるいは、特定カテゴリの販売が伸び悩んでいるようであれば、他社との戦略的なパートナーシップを結んで共同開発を行うことで、その改善を図るといったことも可能だ。

コンビニチェーンはこのPOSデータを活用し、メーカーから店舗までを縦割りに統合することで小売業界に一大変革を起こした。日本全国に何千カ所、何万カ所とある店舗の在庫を切らさないように配送する仕組みは画期的なものだった。

しかし、残念ながら日本のコンビニでは、それぞれのコンビニチェーンに閉じた施策にとどまっていて、社会全体の「イノベーション」と呼べるようなものはまだ実現していない。

インドネシアではパパママショップのデータを集めることで多層化したサプライチェーンを解消するような動きが起きつつある。また、シンガポールではデジタルツインを使って街づくりの概念を根本から変えるような動きが起きつつある。これらはまさにイノベーションといえるようなものだ。

なぜ、日本ではそれが起きないのか。その理由は、ＩＤに紐づくビッグデータを持っていないからである。

独自の決済手段を持つコンビニもあるが、その使用率は決して高いものではない。

⌘日本のコンビニの可能性

では、より多くのＩＤとコンビニのデータが結びつくと、どのようなことが可能になるだろうか。

日本の配送業者の人手不足は年々深刻化している。その理由としてはもちろん、Ｅコマースの発達があるが、届けに行ったのに留守で持ち帰らねばならないという「再配達」の問題も大きいといわれている。

ならば、コンビニチェーンが地元の物流会社を買収して、物流会社の間でIDを連携させるというのはどうだろう。今でもEコマースで買った商品をコンビニ店舗で受け取ることはできるが、もしそれ以外の荷物をコンビニ店舗で受け取ったらコンビニチェーンのポイントをもらえるとなれば、多くの消費者をコンビニ店舗に誘導することができる。こうすれば、配送の労力は大幅に軽減できる。コンビニ店舗が十分にない人口密度の低い地域では、コンビニチェーンが荷物受け取り用のロッカーを設置するという手もあるだろう。

どうしても時間指定をして自宅で受け取りたい人には、追加料金を支払ってもらえばいい。人手不足が解消されれば、コンビニやロッカーまで商品を取りに行くことができない高齢者などに特化した配送サービスも可能になるだろう。

さらに、地方都市に残された個人経営の店が商品を発注できるようなEコマースのプラットフォームを展開すれば、コンビニ店舗以外への商品配送をすることもできるようになる。

このように、データがIDと紐づくことで、さまざまなイノベーションを起こすことができるようになる。

場所によってサービスの内容は変えてしまっていい

日本ではインターネットやスマホが普及する前にさまざまなイノベーションが起きた。ただ、それがレガシーとして、改革を妨げる壁になってきているということを何度も述べてきた。

しかし、レガシーがあるからといってそれは必ずしも弱みということではない。

コンビニチェーンなどはその典型例だが、すでにユーザーとの対面での接点を持っているのであれば、それをＤＸにより最大限活用する方法を模索してみてはどうだろうか。

そして、その際に重要な視点が、都心と同じようなサービスを全国一律に行うことはもはや不可能だということだ。配送にしても、地方都市で都心と同様の時間指定配送をすることは経済性が成り立たない。

これは今に始まった話ではなく、密度の経済性が有効なあらゆるサービスでは、普遍的に人口密度が低い地域での利益率は低くなる。全国一律のサービスを無理に打ち出すのではなく、地域特性に合ったサービスを検討すべきだろう。

現にインドネシアのスタートアップの多くは、人口密度の低い地方都市向けのビジネスモデルを展開している。たとえば、ジャカルタと違ってバイクドライバーなどの配送スタッフがいない地域では、ラストワンマイルの配送をせずにユーザーがデポに商品を取りに行くような仕組みも開発している。

このような発想がリージョン化の時代には必要となってくるのである。

「データはタダではない」

現代はデータが氾濫していて、日々その量は増え続けている。

個人レベルでも、インターネット閲覧、SNS投稿、Eコマースでの買い物、ATMでの取り引き、車のドライブレコーダー、セキュリティカメラによる撮影など、意識しているかどうかにかかわらず、私たちが行動することで無数のデータを作り出している。

企業レベルでも、基幹システムが保有している販売データ、仕入れデータ、会計システムに送られる伝票データなどがある。人事部であれば、残業データ、給与データ、従業員満足度調査データなどを保有しているだろう。それ以外にも顧客データ、商品データ、物流データなど、やはり無数のデータが日々の活動で作り出されている。

当たり前だが、これらのデータを取得するにも蓄積するにもコストがかかっている。センサーの価格もストレージの価格も技術革新によって低下しているとはいっても、誰かがコストを負担しているという事実は変わらない。

ビッグデータが集まれば世界を変えられると思われがちだが、決してそのようなことはない。特に**DXを起こすことを目指すのであれば、どうやってオペレーションとストラテジー、イノベーションを連携させるかを設計する必要がある。**

データは取得するのも蓄積するのもタダではないという意識を常に持つようにしよう。

第5章

DXを成功に導くフレームワーク

事業の中核に「デジタル技術」を

■デジタル技術は単なるツールではない

ここまでの章で、さまざまなデジタル・フロンティアの事例を紹介してきた。第5章では、それら事例を総括する形で、DXを成功に導くためのフレームワークの解説をする。

まずは、「なぜデジタル技術がただのツールではなくなったのか」について考えてみよう。

デジタル技術をただのツールだと思っていると、時代から大きく取り残される。

まず、序章でも触れた「国際化」「グローバル化」「リージョン化」それぞれの時代に、事業の定義がどのように変わってきたのかを詳しく解説しよう（図5－1）。

図5-1 **国際化、グローバル化、リージョン化の特徴**（再掲）

	❶ 国際化	❷ グローバル化	❸ リージョン化
概要	・国際的にモノを取引	・グローバルかつボーダレスに人・モノ・カネ・情報を取引	・リージョンで人・モノ・カネ・情報を**共有**
事業の定義	・何を	・誰に ・何を	・誰に ・何を ・**どうやって**
主要プレイヤー	・自動車メーカー ・黒モノ家電メーカー	・グローバルITプラットフォーム	・スーパーアプリ ・ローカル財閥

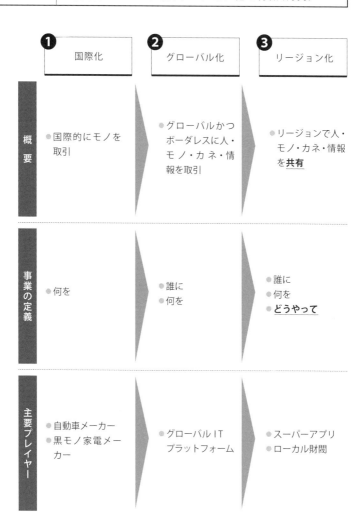

国際化の時代の事業とは、「何を」提供するかを意味していた。

戦後の日本では1950年代後半に白黒テレビ、洗濯機、冷蔵庫が「三種の神器」として宣伝されていた。その後、1960年代半ばにはカラーテレビ、クーラー、自動車が「新・三種の神器」として宣伝された。

日本のメーカーは優れた現場力を生かして、「QCD（品質、コスト、納期）」を高めることに邁進《まいしん》して、国内のニーズを満たした後、世界中を席巻した。

私が米国に住んでいた1980年代には、性能が高い日本製の自動車や黒モノ家電がシェアを拡大していた。製造拠点も日本のみならず、人件費の安い東南アジア諸国などに進出して、コスト削減に努めた。

この時代には、生活に必要な製品をできるだけ多くの人たちに販売することが重要で、安くて性能のよい日本製品は世界中で飛ぶように売れた。

自動車や黒モノ家電は製品自体のローカライズもあまり必要ないため、QCDを徹底することが重要だった。

日本がグローバル化時代に後れを取った理由

次に訪れたのがグローバル化の時代である。1980年代後半以降に進展したグローバル化の時代には、ボーダレスに人、モノ、カネ、情報が取引されるようになった。この時代、日本をはじめとする先進国の家庭には、新・三種の神器以外にも、デジタルカメラやDVDレコーダー、パソコン、ゲーム機などが普通に見られるようになった。

このような時代になると、安くて品質がよいだけでは製品が売れなくなる。マーケティングを勉強した人からすれば当たり前のことかもしれないが、顧客のニーズを正しく理解して、製品を企画することが重要になる。

要は、オペレーション改善で米国に追いつけ追い越せという時代は終わり、**経営者が「誰に」「何を」提供するかを考えなくてはいけなくなった**ということである。そして、**それを「どうやって」実行するのかを考えるのが現場の役割**ということである。

当時の日本企業の状況に対して、経営学者のマイケル・ポーター氏は1996年に発表した『戦略の本質』という論文の中で、「ほとんどの日本企業には戦略がない」と警鐘を鳴らしている。

そして実際、グローバル化の中で日本企業の多くはその相対的な地位を落としていくことになる。

カギとなるのは「誰に」「何を」「どうやって」提供するか

最後にデジタル革命、特にスマホ革命によって2010年以降に急速に進展しつつあるリージョン化についてである。

デジタル技術が発達して身近なものになったことによって、これまで人間が地道に地上戦での改善をするしかなかった交通や医療、農業といったローカル産業でもデジタル技術を活用した変革が可能になったのである。

グローバル化の時代には、公共交通機関がない地域で長距離通勤をしたい顧客には、自動車を販売するしかなかった。たとえば、「メルボルンの中間層」に「カローラ」を売ることを経営者が決めて、「販売代理店経由で売るのか」「オンラインで売るのか」「アフターサービスをどうやって提供するのか」などの「どうやって」を現場が考える。

しかし、最近ではウーバーのようなライドシェアサービスやオンデマンドバスなどを利用することができる。また、コロナ禍の中で多くの企業が取り入れたように、通勤そのものをなくしてウェブ会議システムを活用して在宅勤務をするという手段も生まれた。

このような時代には、「誰に」「何を」「どうやって」提供するかを一体で考える必要がある。そして、その地域特有の問題に対応するリージョン化の時代には、最も重要なのが「どうやって」ということになる。

そして、その幅を広げているのがデジタル技術に他ならない。

リージョン化の時代には、デジタル技術が事業の中核にあるといっても過言ではないだろう。繰り返しになるが、デジタル技術を単なる現場ツールと思っている経営者は早晩消え去ることになる。

では、経営者がやるべきこととは？

こうなってくると当然、経営者の役割も変わってくる。では、どのように変わったのか。

それを整理したのが図5－2である。

左の軸は、本書で何度も紹介してきた「イノベーション」「ストラテジー」「オペレーション」である。

国際化とグローバル化の時代には、イノベーションとストラテジーの意思決定は経営者の仕事だった。そして、それをオペレーションに落とし込むのが現場の役割だった。

前述のポーター氏をはじめとして、日本企業のストラテジーレイヤーでの意思決定の弱さを指摘する声は多くあるが、国際化の時代に戦略が必要なかったというわけではない。明確なゴールがあった国際化の時代と比較して、グローバル化の時代におけるストラテジーの重要性が高まったということである。

そして、リージョン化の時代になり、経営者と現場がすべてのレイヤーで共創することが重要になった。

単一事業の会社や中小規模の会社であれば、経営者がデジタル技術を理解して、「誰に」「何を」「どうやって」のすべてを一人で考えることも可能だろう。スタートアップの創業者はすべてを一人（もしくは少人数）で考えているので、全体感を持って事業を定義することができる。

図5-2 経営者と現場の役割の変化

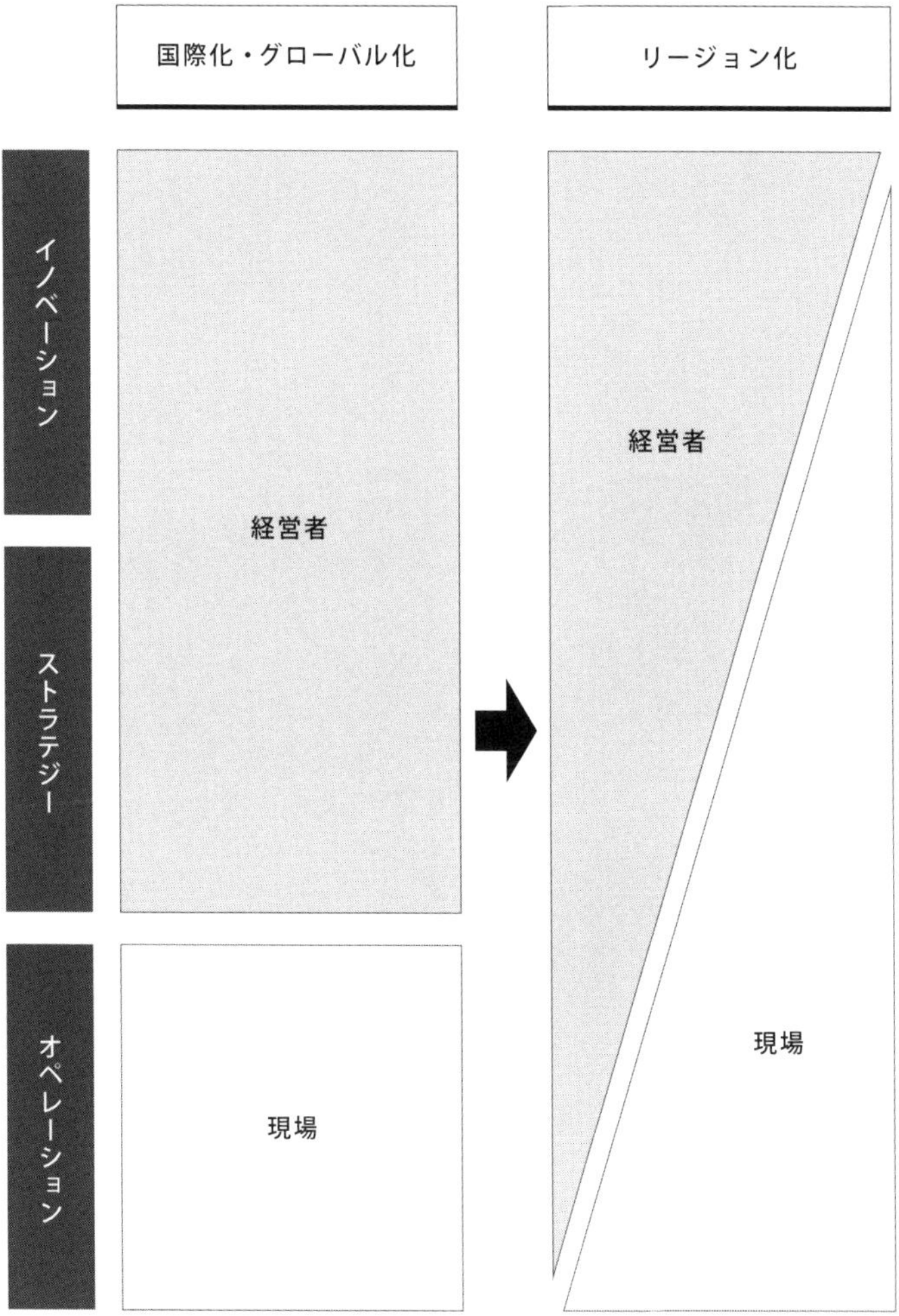

ただし、多角化した大企業の経営者の場合、デジタル技術を勉強して現場の理解に努めることは重要だが、一人が把握できる範囲には限界がある。このような経営者は経営資源の配分に集中して、事業の定義は現場に任せるべきだろう。

SWAT創業者・チュア氏のポリシー

大切なのは、**誰が意思決定をするのかではなく、組織としてレイヤーを意識して意思決定をすること**である。そうしないと、環境が変化しているのに、オペレーション改善ばかりに邁進して、ストラテジーやイノベーションの変容を促すことができていないという事態に陥ってしまう。

ここで参考になるのは、前述のSWATを創業した、シンガポールを代表する家族企業のゴールドベルグループ（Goldbell Group）を経営するアーサー・チュア氏である。チュア氏は大学を卒業後、父親が経営するゴールドベルグループに入社した。現場での業務を経験したのちに、チュア氏がグループCEOの座に就いたときにはすでにゴールドベルグループは、シンガポールで商用車の販売・リース事業で不動の地位を築いていた。

しかし、チュア氏はその座に安住することなく、多くのイノベーションを起こすことに挑戦している。チュア氏は、ＳＷＡＴ以外にも倉庫の全自動化ソリューションを提供するｘＳＱＵＡＲＥや電気自動車によるカーシェアリングを提供するＢｌｕｅＳＧなども手がけている。

チュア氏は若いころから父親に「ビジネスは立ち止まれない、挑戦することをやめるな」と言い聞かされてきたそうだ。

チュア氏のすごいところは、一人でイスラエルや東欧諸国に飛んで現地のスタートアップに会ったり、エンジニアの採用をしたりしていることである。オペレーションやストラテジーの多くは現場に委譲しているものの、チュア氏は必要に応じてオペレーションの意思決定にも関与することがある。今でも現場感覚を持ち続けているからこそ、チュア氏はオペレーション発のイノベーションを起こし続けることができる。

「現場を知らずしてイノベーションは起こせない」

かつて二人で食事をしているときにチュア氏が私に言った言葉である。

「DXの地図」で未来を描く

✖イノベーションを実現するためのフォーマット

ここで紹介したいツールがある。それが「DXの地図」(図5－3)だ。リージョン化の時代、本当に有効なDX戦略を考えるにあたり、ぜひ活用してもらいたいフォーマットである。

DXの地図は、「意思決定レイヤー」と「ステークホルダー」という二つの軸で構成される。

一つ目の軸は、本書で何度も登場している意思決定のレイヤーである「イノベーション」「ストラテジー」「オペレーション」である。

図5-3 DXの地図

	自社	顧客	パートナー
イノベーション			
ストラテジー			
オペレーション			

二つ目の軸は、ステークホルダーである。本書ではステークホルダーを「自社」「顧客」「パートナー」の三つに整理している。

なぜこの三つが重要なのかというと、これらをしっかりと意識していないと、企業の思考というのはどんどん内向きになってしまうからである。

創業者が事業を立ち上げるときには、何か応えたい顧客ニーズがあるものである。そして、顧客のことを昼夜問わず考え、商品設計をして、価格を決めて初めて売ることができる。しかし、徐々に顧客が増えて組織が大きくなってくると、経営者は社内のさまざまな出来事に対応する必要が出てくる。たとえば、従業員が増えたら経営者が直接管理することが難しくなるので部門を作り、不公平感がないように各種制度を整備する。こうなってくると、顧客の価値よりも自社のことを優先してしまう傾向が出てくる。

また、事業の立ち上げ当初は、他社から製品を仕入れることも一苦労だろう。信頼がまだないうちは、現金での前払いを求められるかもしれないし、必要量を確保するには複数のサプライヤーから仕入れる必要があるかもしれない。

しかし、自社の事業が成功して外部パートナーよりも交渉力が高くなったらどうだろう。

相手がパートナーであることを忘れて、自社都合で毎年値下げ要求などを突きつけたり、無理な納期を押しつけたりしているケースもあるのではないだろうか。

しかし、イノベーションを起こすためにはパートナーとの共創が不可欠である。

自社を優先し目線が内向きになっていくと、イノベーションを起こすことは難しくなってしまう。そのような事態を防ぐためには、DXの地図上でさまざまなステークホルダーを意識することが重要である。

「DXの地図」の使い方――ゴジェックを例に

以上を踏まえて、DXの地図の使い方の3ステップを解説しよう。

ここでは、すでに何度か登場したインドネシアのゴジェックおよびゴジェック経済圏によるDXの事例を基に考えてみる。ここでは顧客はユーザーで、パートナーはバイクタクシーやパパママショップとする。

ステップ１：問題の洗い出し

まずは、できるだけ細かく問題を洗い出す。

このときのポイントは、どんな形式でもいいので、できるだけ数多く、具体的に問題を書き出すことである。チームで実施するのであれば、付箋などに問題を一つずつ書いて、ホワイトボードに貼ることも有効な手段となる。

ゴジェックが誕生する前の社会問題は以下のように整理することができる。

（ユーザーの問題）

・必要なときにバイクタクシーを探すのが大変

・バイクタクシーの価格が不透明でドライバーによって値段が異なる

・交通渋滞がひどいため、近くのスーパーマーケットまで買い物に行くのが大変

・パパママショップに行っても在庫が切れていることが多い

・パパママショップの商品は賞味期限が切れていることが多い

（バイクタクシーのドライバーの問題）

・昼間の時間帯にお客さんを見つけるのが難しい
・バイクを購入するためのお金がない
・将来の生活に不安がある
（パパママショップの問題）
・お店にある在庫量を正確に把握していない
・渋滞がひどい日や雨の日には売上が下がってしまう
・お店の近くにコンビニができてお客さんを取られてしまった
・仕入れるお店によって商品の鮮度や価格にばらつきがある

このくらい細かな解像度で問題を出していくことが必要となる。ここで出した問題の解像度が粗いと、次のステップである問題の構造化がうまくいかなくなる。

ステップ2：問題の構造化

ステップ2では、ステップ1で出した問題を構造化する。

構造化の第一歩は、似た問題をグルーピングすることである。

そのときに問題の解像度が低く、三つくらいしか洗い出せていないと、ここで苦労することになる。

また、**問題の抽象度が高すぎると、解決策が平凡なものになってしまう**。これは経験の浅い経営コンサルタントにありがちだ。

たとえば、問題が「経営管理が甘い」だと、「経営管理を強化する」という解決策になってしまう。経営管理が甘いのであれば、「経営管理をするための帳票自体がない」のか、「経営管理をするための帳票がタイムリーに入手できないので手が打てない」のか、「打ち手の検討まではできているが、その後のフォローがない」のか、「新しい管理部長のスキル不足で管理業務が回っていない」のかまで、問題を具体的に書き出すことが重要である。

ゴジェックの事例に戻ると、図5－4のように問題を整理することができる。ここでは、プロブレムオーナー（誰の問題か）と問題解決の難易度の2軸でグルーピングしている。

なお、本書の主題ではないので詳しくは解説しないが、それぞれの問題は事実に基づいて検証し、因果関係に基づいてツリー構造に整理する必要がある。詳しく知りたい方は、

図5-4　インドネシアの社会問題

問題解決の難易度（低 ←→ 高）

プロブレムオーナー	低		高
ユーザー	必要なときにバイクタクシーを探すのが大変	交通渋滞がひどいため、近くのスーパーマーケットまで買い物に行くのが大変	パパママショップに行っても在庫が切れていることが多い
ユーザー	バイクタクシーの価格が不透明でドライバーによって値段が異なる		パパママショップの商品は賞味期限が切れていることが多い
バイクタクシー	昼間の時間帯にお客さんを見つけるのが難しい		
バイクタクシー	バイクを購入するためのお金がない	将来の生活に不安がある	
パパママショップ	お店にある在庫量を正確に把握していない	渋滞がひどい日や雨の日には売上が下がってしまう	
パパママショップ		お店の近くにコンビニができてお客さんを取られてしまった	仕入れるお店によって商品の鮮度や価格にばらつきがある

後正武氏の名著『経営参謀が明かす論理思考と発想の技術』（PHP文庫）や『意思決定のための「分析の技術」』（ダイヤモンド社）などを参照することをお勧めする。

ステップ3：解決策の検討

最後のステップとして、ソリューションの検討をしよう。ここでのポイントは、**個別の問題ではなく、グルーピングした問題ごとに抽象的な解決策を検討すること**である。

たとえば、「必要なときにバイクタクシーを探すのが大変」「バイクタクシーの価格が不透明でドライバーによって値段が異なる」というユーザー側の問題と、「昼間の時間帯にお客さんを見つけるのが難しい」というバイクタクシー側の問題に対して、「バイクタクシーのライドシェア事業」といったソリューションを提供する、などである。なお、これは本書の主題ではないため解説は省くが、解決策の検討には、オプションの洗い出しや効果検証、実現可能性検証なども必要となる。

解決案ができたら、それらを図５－５のようにＤＸの地図に書き込んでみよう。ここで

図5-5 「DXの地図」で考えるゴジェック経済圏の変遷

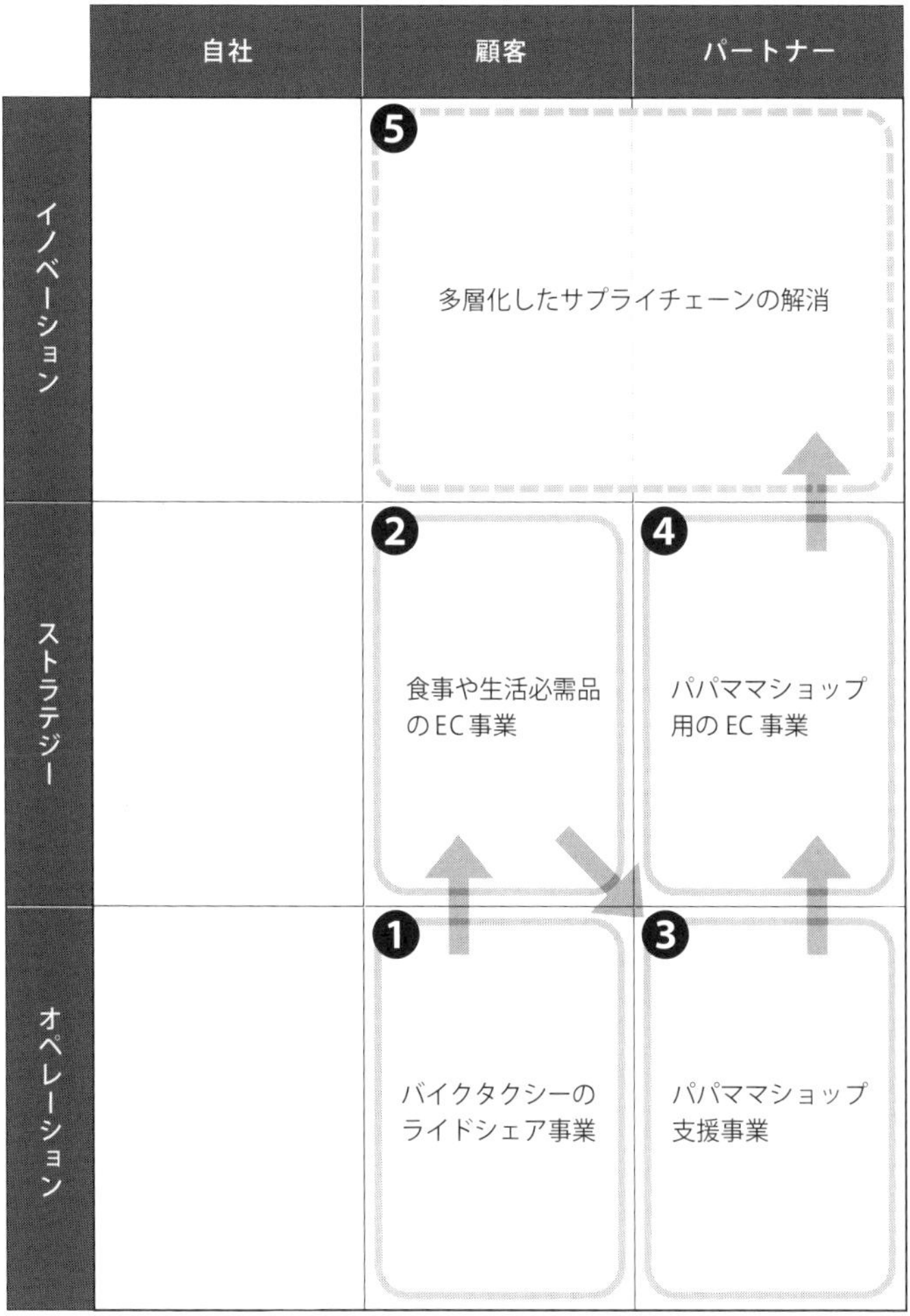

のポイントは、個別の解決策が連携していることである。

たとえば、「バイクタクシーのライドシェア事業」は、「食事や生活必需品のEC事業」とつながっている。ライドシェアによって人を運ぶことができるようになれば、人だけでなくモノも運べるようになる。そして、モノを運ぶことは「パパママショップ支援事業」につながり、パパママショップの在庫や発注データを集約して「パパママショップ用のEC事業」（ゴジェック以外のスタートアップや財閥が提供）を立ち上げることで、多層化したサプライチェーンを解消することができる。

もちろん、ゴジェックがこの地図を使って事業を設計したわけではないし、最初からこのような全体構想を持っていたかどうかもわからない。しかし、この地図を用いることで、このような大きな視点からDXを設計することができるということを理解していただければと思う。

⁙ 100点の地図を作ることを目指さない

このゴジェック経済圏の例は、オペレーションからストラテジー、イノベーションまでが見事に連動しており、このような地図を作るのは難易度が高いと感じるかもしれない。ここで強調しておきたいのは、**はじめから100点の地図を作ることを目指してはいけない**という点である。

これまで私も多くのスタートアップの支援をしたり、大企業の新規事業の支援をしたりしているが、当初作成したDXの地図を実行するのはそう簡単ではない。なぜならば、DXはさまざまなステークホルダーを巻き込みながら進められるため、それらの反応は必ずしも予測できないからである。

たとえば、ゴジェックが事業を開始した当初は、バイクドライバーの品質が悪いことで苦労をしている。ゴジェックは、採用や研修のための人員を強化することで、バイクドライバーの品質を上げていった。

ゴジェックのようなバイクドライバーのライドシェア事業者は、かつてインドネシアに多数存在していた。多くの事業者はデジタル技術に依存し、乗客がバイクドライバーをレーティングすることで、結果品質を上げることを目指していた。しかし、それらの企業の多くは淘汰されていった。

DXとはデジタル技術を使ってイノベーションを起こすことだが、その本質は人の行動変容を起こすことである。そして、人の力を使ったほうが近道の場合には、躊躇《ちゅうちょ》せずに地道な地上戦のアプローチをすることが大事だと覚えておこう。

この「DXの地図」でストーリーを描いた上で、デジタル技術を用いてそれをどのように実現するかを考えること。それこそが、DXを進めるために非常に重要なことなのだ。ぜひ、皆さんのビジネスにも活用してみていただきたい。

第6章

日本の「真のDX」を考える

人口減少はチャンスに変えられる

デジタル・フロンティアから学ぶべき五つのポイント

ここまで、デジタル・フロンティアで起きている変革についての解説をしてきた。本書の最後に、こうした事例を踏まえ、どうやって日本のＤＸを進めるべきかを考えてみたいと思う。

まずは、ここまでに解説したＤＸのポイントを簡単にまとめておこう。

●地上戦と空中戦の融合

グローバル化がデジタル革命で進展したことでリージョン化の時代が到来している。リージョン化の時代には、ローカル産業における地上戦と空中戦の融合によるイノベーションを誰でも起こせるようになっている。

●社会インフラとしてのＩＤ

現場発のイノベーションを起こす上では、ＩＤを保有していることが極めて重要である。社会インフラとして国民ＩＤを整備して、民間に開放することで、民間企業のＩＤ取得コストを大幅に軽減してイノベーションを促進することができる。

●ビッグデータを構築する

さまざまなビッグデータを構築することで、変革を阻害する既得権益を打破するほどの力を持つことができる。

●分散データの集約とキュレーション

ビッグデータを構築する手段の一つとして、すでに分散して存在しているデータを集約してキュレーションすることが有効である。その際には、データを保有している人たちからデータを提供してもらうための地上戦での工夫が必要である。

●経営者と現場の共創

経営者が決めたことを現場が実行するという時代は終わった。イノベーション、ストラテジー、オペレーションすべてにおいて経営者と現場が共創することが重要である。

⁙外から見るからこそわかる、日本の可能性

日本は衰退する一方だといわれて久しい。少子高齢化による社会保障費の増加、無策に発行された国債を背負う将来の若者、破綻する地方都市の財政など。

しかし、東南アジアの人からすれば、観光資源があり、食事がおいしく、治安もよい日本は大変魅力的に映る。また、私のように東南アジアに住んでいる日本人からすると、**日本には極めて多くの可能性がある**ことが見えてくる。

たとえば少子高齢化である。日本では、少子高齢化が大きな問題とされ、「異次元の少子化対策」をはじめとして多くの対策が講じられている。まるで、少子化さえ何とかすれば日本のすべての問題は解決されるといわんばかりに対策強化が図られている。本当にそうなのだろうか。

戦後すぐの日本ではいわゆるベビーブームが起きた。それが日本の高度成長を支えたわけだが、一方で食糧不足や社会インフラへの過負荷などが社会問題化した。数々の公害が起こり、学校のクラスには生徒が溢れかえった。

それを解消するためにインフラ整備を進めた結果、確かに問題の多くは解決したが、今度は全国各地に巨大なハコモノが溢れかえることとなった。そして、高度成長を支えた人たちが高齢者になったことで、社会保障費が増大した。

つまり、人口は増えても減っても問題を引き起こすということである。

世界一の人口を誇るインドは、人口増によりかつての日本のように多くの問題を抱えているが、税収の増加による経済の安定や労働力増加による企業・市場の発展といったメリットもある。

シンガポールは人口が少なく、資源にも恵まれていないが、そのため特定の産業に過度な依存をすることなく、環境に合わせて柔軟に適応することで目覚ましい経済発展を遂げてきた。

結局、どんな物事にも正の側面と負の側面があるということだ。

✖ 少子高齢化を生かして一気にDXを進める

では、少子高齢化が進む日本にはどのような正の側面があるのだろうか。

少子高齢化による日本の人手不足は普通に考えれば「負」の側面である。厚生労働省によると2023年4月時点の有効求人倍率は1・32倍[※6]だった。つまり、一人の求職者に対して1・32個の求人があるということで、人手不足の状態を意味する。

この状況は地域によっても違うが、全体的には地方都市ほど人手不足が明白に数字に表れているといえるだろう。石川県の1・65倍、島根県の1・59倍、新潟県の1・58倍、岐阜県の1・56倍などである。

一方でテクノロジーの発展により、現在、人間が実施しているサービス産業の多くがロボットや人工知能に代替されつつある。

私が住んでいるシンガポールの列車は無人走行をしているし、中国では無人タクシーが営業を開始している。多くの国の外食店ではキオスク端末やスマホで注文してその場で決済することが当たり前になり、配膳ロボットの普及も一気に進んだ。

このような変化が起こる際、通常はテクノロジーにより職を失う人たちからの強い抵抗がある。

たとえば、かつて農業が機械化されたときには、多くの農業従事者が他の産業に移った。国はこうした人たちの再教育や再就職、生活保護などの支援をせねばならなかったし、既存の農業従事者に対しても手厚い保護をする必要に迫られた。

しかし、今は人手不足の時代である。つまり、テクノロジーにより職を失った人でも、新しい仕事に就きやすい時代であり、抵抗もその分激しくない。

こう考えたとき、**現在の少子高齢化という「負」の時代背景は、DXを一気に進**

※6　独立行政法人労働政策研究・研修機構「職業紹介―都道府県別有効求人倍率」

めるための「正」の側面を持つということもできるだろう。

韓国、北欧……意外なDX先進国の共通点とは?

実際、日本と同じように少子化という問題を抱えつつ、DXを積極的に進めている国は数多くある。

一例を挙げればお隣の韓国だ。世界銀行によると2021年の韓国の合計特殊出生率は0.8で、日本の1.3やシンガポールの1.1よりも低い水準である。

そんな韓国はDX大国でもある。たとえば電子マネー。韓国では非現金決済比率が2016年時点で96.4%[※7]と、今や現金はほとんど使われていない。

また、韓国では税金の申告や納税、住民票の発行や公共サービスの申請などもオンラインで実施できる。

そして日本より合計特殊出生率の低いシンガポールで数々のDXが進み、イノベーションが起こっていることはここまで何度も触れてきたことだ。

私が共同経営する経営共創基盤がベンチャーキャピタルを運営する北欧は、全人口が約

２８００万人ながら30社程度のユニコーン企業を輩出している、隠れた起業大国である。２０２１年時点の北欧諸国の合計特殊出生率は、フィンランドが１・５、スウェーデンとデンマークが１・７など日本よりも高い水準にはあるが、世界平均の２・３には遠く及ばない。

これらの国は人口規模が小さいから変革が可能だった、と考える人もいるかもしれない。もちろん、一定程度そのような側面があることは事実だろう。しかし、日本と同じように少子高齢化問題を抱えながらＢＡＴを生み出した人口14・２億人の中国や、生体認証を使った国民ＩＤが全人口の９割以上に浸透していて、ユニコーン企業をこれまでに１００社も生み出した[※8]人口14・３億人のインドのケースもある。

できない理由、やらない理由を見つけることは誰にでもできる。また、他人が一生懸命やっていることを否定することも簡単である。

しかし、**置かれている状況の正の側面をとらえて前進しない限り変革を起こすこ**

※7　野村総合研究所「キャッシュレス化推進に向けた国内外の現状認識」
※8　Bain & Company "India Venture Capital Report 2023"

とはできない。

■「高齢者にスマホは使えない」は単なる思考停止

これも本書で何度も触れてきたことだが、日本でも特に地方都市には数々の社会問題がある。

少子高齢化による過疎化が進んだことで、交通や小売、医療といった基礎インフラの維持が難しくなっている。また、コンビニチェーンや外食チェーンの進出により、これまで地域コミュニティを支えてきた駅前の商店街や個人経営の店舗が続々と廃業に追いやられている。

このような地方都市の問題解決のためにＤＸを進めようという話をすると、「地方の高齢者はスマホを持っていないし、ＩＴリテラシーが低いから難しい」というような反論を受けることがよくある。

もちろん、デジタルネイティブ世代と比較したら、地方の高齢者のＩＴリテラシーが低いことは否めないだろう。

しかし、昨今の高齢者はスマホやタブレットを使いこなせる人が多い。必ずしも「高齢者だからＤＸは難しい」ということではない。

ＮＴＴドコモ モバイル社会研究所の調査によると、60代のスマホ保有率は90％を超えていて、70代でも70％である。

それでも70代の３割はスマホを使っていないではないか、というのであれば、無理にスマホを使わせようとするのではなく、人がインターフェースとなって高齢者にサービスを提供すればすむ話である。

高齢化が進むシンガポールの弱点と強み

そもそもの話をしてしまうと、**ＤＸとは「デジタル技術を使った変革」のことで、必ずしもエンドユーザーが直接デジタル技術を使うことではない。**

私が住んでいるシンガポールでも高齢化社会を迎えつつあり、世界銀行によると２０２１年時点の平均寿命は83歳で、日本の84歳と大差はない。

また、シンガポールには50年超の歴史しかない。マレーシアから独立して、初代首相のリー・クワンユーらがシンガポールを建国したのは1965年のことである。

その後、英語を中心とした義務教育が整備され、今やシンガポール国立大学は「QS世界大学ランキング」（QS World University Rankings）で5年連続のアジア1位、世界でも11位の評価を得るほどになっている。また、IMDによる「世界デジタル競争力ランキング2022」（World Digital Competitiveness Ranking, 2022）では、シンガポールは4位にランクされた。

このようにアジアを代表する先進国という地位を築いたシンガポールだが、独立時に移住した高齢者は、こうした高レベルな教育は受けていない。また、シンガポールには高齢者だけでなく、英語や中国語が母国語ではない海外からの労働者も一定数移住している。つまり、言語の違いが問題になることもある。

それではなぜ、シンガポールのDXが進んでいるかというと、国民IDのような仕組みが整っていて、コロナ対策のところで解説したように、政府が明確な方針を打ち出しているからである。

明確な方針があるから、教育水準が低い人でも今、自分たちが何をやるべきかが明確にわかる。

一方、日本では政府の方針は明確でなく、地方自治体ごとにワクチン接種の方針もバラバラだった。これでは、いくら識字率が高くても人々は迷ってしまう。

結局、DXとは「エンドユーザーがデジタルを使えるか」の問題ではないのだ。

「日本型組織」ほどＤＸを進めやすい理由

⁙ＤＸの本質はテクノロジーではない

ＤＸとは、デジタル技術を使ったイノベーションを起こすことだが、**ＤＸを主導するのはテクノロジーではなく、それを使う人間、さらにいうと組織**ということになる。

つまり、いくら世の中に優れたデジタル技術が現れたところで、それを使いこなせなければ何の価値も生み出せない。

また、デジタル技術はこれまでの技術とは異なり、単に事業を実現するためのツールではなく、事業そのものである。したがって、外部ベンダーに設計・開発の丸投げをしたり、既成のソフトウェアを買ってきたりしても、何の価値も生まない。

つまり、組織全体がＤＸに対応できるようにならなくてはならない。

トップダウンのジョブ型組織は時代遅れ

では、従来型の日本の組織はＤＸを進めることには向いているのだろうか。結論からいうと、私は向いていると思っている。

前述のように、リージョン化が進展すると、経営と現場の役割が大きく変わる。経営がストラテジーを考えて、現場がオペレーションを実行するスタイルは時代遅れとなり、イノベーション、ストラテジー、オペレーションを一体となって考えることが必要になる。

元来、米国の組織は経営がストラテジーを、現場がオペレーションを、という役割分担が明確になされている。組織はモジュール化されていて、それぞれのモジュールを構成する従業員についても明確なジョブディスクリプションが定義されている。要は、ジョブディスクリプションを満たす人が入社すれば、すぐに成果が出るように設計されている。

私が過去に勤めていた米国企業でもそうで、現場は経営が出した方針を着実に実行することのみが求められていた。従業員はジョブディスクリプションで定義された職務をマニュアルに沿って忠実に遂行することで評価をされる。新しい社長が就任して昨日までとまったく異なる方針を出しても、現場は今日からすぐに新しい方針通りの動きができる。

しかし、2000年代から、そのようなジョブ型組織からは新しいイノベーションが生まれないことが問題視されてきた。そして、多様なメンバーを集めたイノベーション組織が社長直下に設けられ、それまでの商品や組織にとらわれることなく、異業種との連携などを通じて、それまでにない新たな商品を生み出していくという流れが生まれた。

現在では、スタンフォード大学のチャールズ・A・オライリー教授などが、既存事業の深化と新規事業の探索を両立するための方法論として「両利きの経営」を提唱している。

要は、環境の変化に合わせて柔軟に変化できた企業が結果として生き残っているということである。そして今、求められているのは、国際化でもグローバル化でもなく、リージョン化に対応できる企業ということになる。

❖日本は東南アジアのイノベーションから学ぶべき

図6-1　形式制度と非形式制度

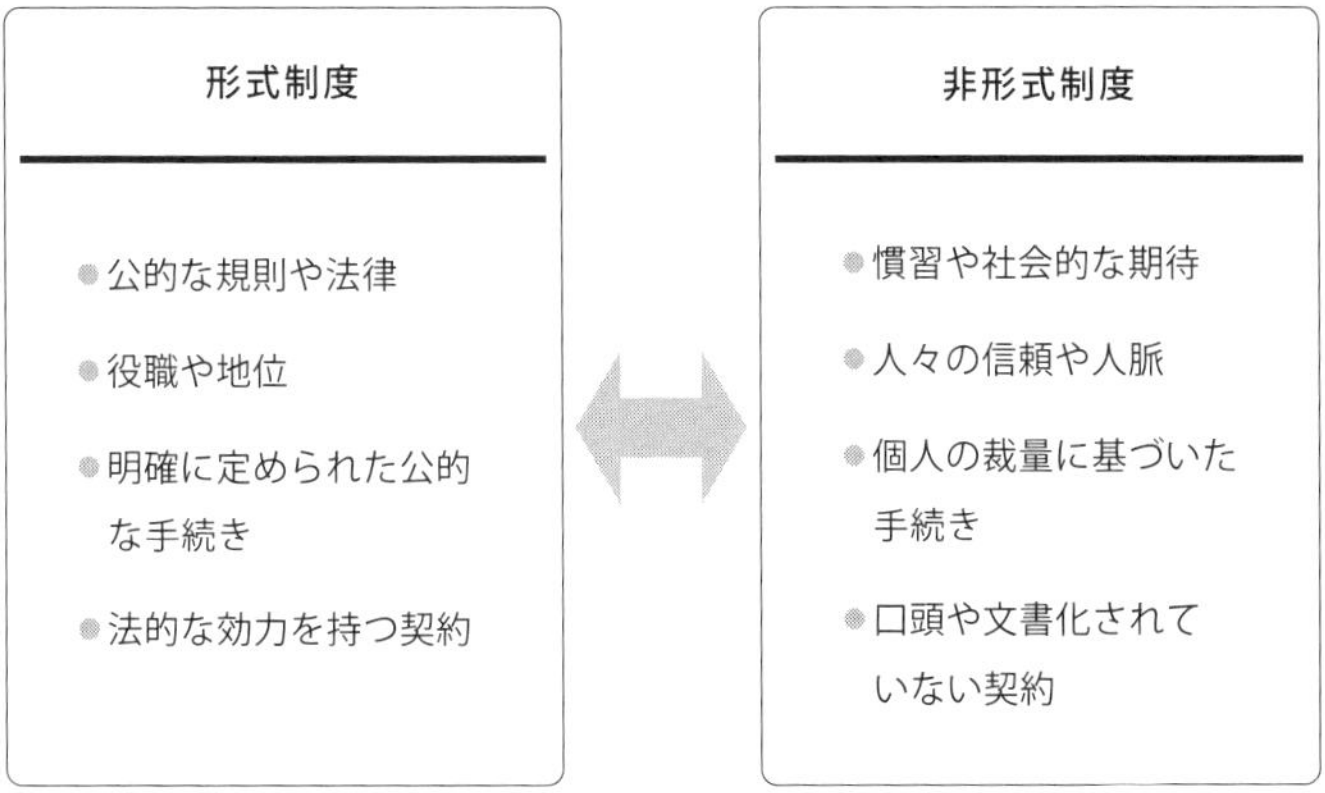

形式制度	非形式制度
● 公的な規則や法律	● 慣習や社会的な期待
● 役職や地位	● 人々の信頼や人脈
● 明確に定められた公的な手続き	● 個人の裁量に基づいた手続き
● 法的な効力を持つ契約	● 口頭や文書化されていない契約

では、本書のテーマである東南アジアの組織はどうだろうか。ここで改めて既得権益を生み出している制度のあり方と意思決定の特徴で整理をしてみよう。

「はじめに」で解説したように、既得権益を生み出している制度には形式制度と非形式制度がある（図6－1）。そして、形式制度を重視する米国や欧州に対し、日本や東南アジア、中国では慣習や人脈などによる非形式制度が既得権益を生み出している場合が多い。もちろん、これは相対的な整理であり、東南アジアや日本にも法律は存在するし、米国や欧州でも慣習や人脈による既得権益は存在している。

意思決定の特徴はどうだろうか。東南アジアでは国や民族が多いこともあり、ボトムアップ型の意思決定がなされることが多い。私が過去に連携をしてきた東南アジアの家族企業や財閥企業においても、米国や中国のようなトップダウンというよりは、ボトムアップでコンセンサスを得ながら意思決定をする場合が多い。

これらをまとめたのが図6－2である。このように、**日本と東南アジアは既得権益を生み出しているメカニズムや意思決定の特徴でも類似性があり、本書で取り上げた「半径5キロ圏内の問題解決」をするための手法が有効に作用する**と考えられる。

これをシュンペーターのいうところの「創造的破壊」になぞらえていうと、「創造的統合」ということになる。**日本や東南アジアでは、トップダウンでの創造的破壊は起きない代わりに、ボトムアップでの創造的統合によるイノベーションが有効**なのである。

仕事の仕方はアジャイル型へと変わる

創造的統合を起こすことができる企業の特徴をひと言でいうと、アジャイル型の経営を

図6-2 既得権益を生み出している制度と意思決定の特徴

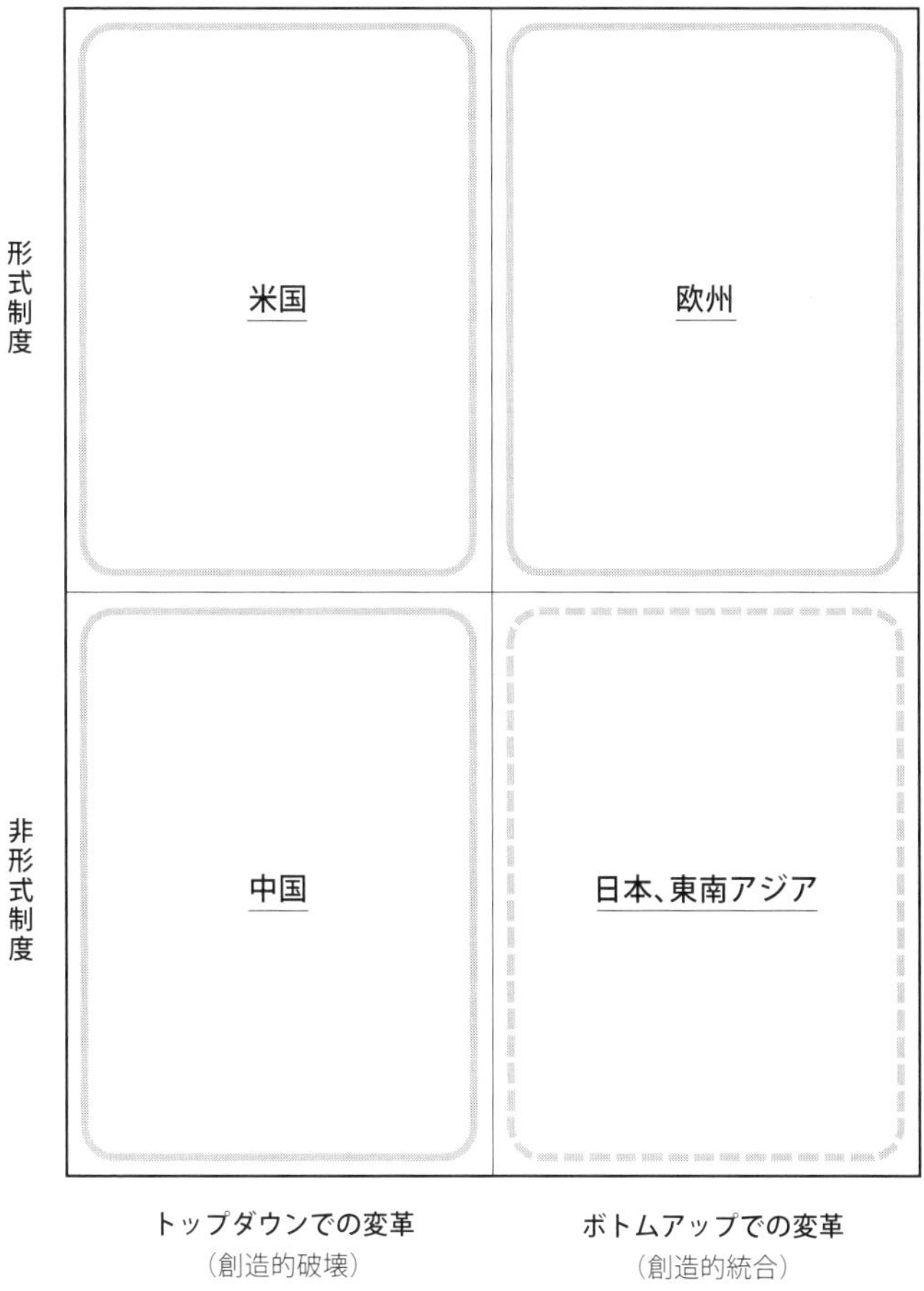

実践している企業ということになる。

アジャイル型の経営とは、ソフトウェア開発の分野で広まった「アジャイル開発手法」を経営に応用したものである。アジャイルとは「素早い」「機敏な」という意味で、最初に決めた全体設計通りに開発を進めるのではなく、環境の変化に対して組織が素早く適応し、時に方針を変更するなどして柔軟に対応していく開発手法を指す。

なお、アジャイル開発手法は、野中郁次郎氏と竹内弘高氏が1986年に発表した「The New New Product Development Game」という論文が原型になっている。この論文では、米国企業と日本企業の製品開発プロセスを研究し、日本企業で実践されている一つのチームでの反復的なアジャイル型のアプローチのほうが、米国企業の複数チームによる手続きを踏んだ段階的な開発よりも、素早く柔軟に製品を開発できるとしている。

どちらがいい、悪いという話ではない。手続きを踏んだ段階的な開発はウォーターフォール型の開発ともいわれ、プロジェクトのゴールや使える資源が明確な場合は有効に作用する。それぞれのチームの責任範囲も明確になる。また、各チームメンバーのジョブディスクリプションも明確になるので、チームの専門性を高めることも可能である。

ただ、本書で取り上げた事例がそうであったように、現場発のオペレーション改善をきっかけとしてストラテジーの変革やイノベーションを起こすためには、アジャイル型の進め方が適しているということだ。

そして、元来現場に権限が与えられている日本企業のほうが、アジャイル型の経営には適しているといえるのだ。

現場を生かすも殺すもリーダー次第

それなのになぜ、「日本企業はイノベーションを起こせない」「日本からはユニコーン企業が生まれない」などと揶揄《やゆ》されるのだろうか。

それは、**リーダーが明確な方向性を打ち出せていないから**である。日本の高度成長期には戦勝国が作った工業化社会として復興していくという明確な指針があった。現場発のオペレーション改善に長けていた日本企業は、QCDを徹底することで、国際化の時代の雄となった。

しかし、このVUCAの時代にゴールを明確に定めることは難儀であり、QCDの徹底だけでは勝てないのは、本書で繰り返し解説した通りである。

このような時代には、トップが明確な方針を出すことが求められる。そしてその方針は、「誰に」「何を」提供するかという具体的なものよりも、パーパスのような抽象度の高いものであるべきである。パーパスが明確であれば、現場はその指針に従ってオペレーション、ストラテジーやイノベーションを起こすことができるようになる。

多くの企業には経営理念やミッション、ビジョンといったものがある。しかし、これらは現場に一定の裁量権が与えられていない組織形態ではあまり効果を発揮しない。現場に裁量が与えられている場合、パーパスは有効に作用する。

逆にいうと、ゴールが不明瞭かつパーパスのような方針もない中で無理に現場のアジャイル化だけを進めると、現場に混乱をもたらすだけで何もメリットがない。日本のコロナ対策のように、ただ現場が混乱して疲弊してしまうことになる。

特に、日本の現場は創意工夫して新たな活動を生み出すことに長けているので、パーパスがないままに権限を委譲すると無数のバラバラな活動を生み出してしまうだろう。**パーパスの存在意義は「何をするか」よりも、「何をしないか」を決めること**にある。

必要なのは一般常識と高い計算能力

では、パーパスを提示されて権限を委譲された現場のリーダーにはどのような能力が求められるのだろうか。それはずばり、一般常識と高い計算能力である。

人工知能やロボットによってオペレーションの代替はすぐに進む。しかし、これはあくまで代替であり、人間ができることを人工知能やロボットが代わりに行うだけである。

実は、**人工知能によるインパクトが最も大きいのはイノベーションである**。なぜならば、膨大なビッグデータによって作られる構想に人間は太刀打ちできないからである。人間が処理できるデータ量には限りがあるが、人工知能にはそれがない。人工知能は過去から現在にわたって、世界中の事例を基に新たな構想をすることができる。

砂浜の一部の砂を基に人間が新しいものを作ったと思っていても、広い砂浜のどこかにはすでに同じものが存在しているだろう。

人間に求められるのは、人工知能が生成したイノベーションを実行するかどうかの意思決定だけである。そのために必要なのは、人間の感覚として間違っていないかどうかを判断するための一般常識と高い計算能力である。

なぜならば、現在の人工知能はあくまでも人間の脳を基に作られたモデルであって、人間そのものではないからである。シンガポールがデジタル空間にシンガポールをもう一つ作ったのと同じように、人間の脳をデジタル空間に作っただけであり、心もなければ痛みを感じることもない。あくまで最終的な意思決定は人間がする必要がある。

人工知能の時代に勝つために

また、**現場リーダーにはこれまでのような「人間力」は求められなくなるだろう。**いわゆる「調整能力」「社内営業力」などといった能力である。

なぜならば、人間力はあいまいな状況下で物事を前に進めるために必要なものだったからである。

たとえば、何も建設的な意見をいわないのに威圧感で会議室の空気を支配するようなメンバーはどの会社にもいるだろう。また、いつもニコニコ笑っていて、近くにいるだけで会議室の空気が和らいで、いつのまにか意見を通してしまうようなメンバーもいるだろう。

しかし、コロナ禍ですべての会議がオンラインになった瞬間に、このような人たちの存在意義も消えていった。オンラインで画面上に顔が小さく映っているだけでは威圧キャラも癒しキャラも対面のような力を発揮できないからである。

このような環境下では、現場リーダーは雰囲気ではなく、一般常識と高い計算能力のみで純粋に提案内容を吟味する必要がある。

これが人工知能の活用によってさらにレベルの高い提案になると、人間的な要素が入り込む余地はより少なくなる。現場リーダーは、これまで以上に一般常識と高い計算能力を持つ必要が出てくるだろう。

おわりに

正しい処方箋を選べば日本は何度でもやり直せる

レガシーを強みに変える

ここまで本書を読んでくださった読者の皆さんに、お礼を申し上げたい。最後に、正しい処方箋を選べば、日本は何度でもやり直せるというメッセージで本書を締めくくりたいと思う。

日本では中小企業が企業数全体の99・7%を占め、全従業者数の7割程度が働いている。

一般的に、日本では業界ごとのプレイヤーが多いといわれるが、あまり統廃合が進んでいないのが実態である。

ダイヤモンド・チェーンストアの調査によると、身近な業界で見ても、二大流通チェーンのイオングループとセブン&アイ・ホールディングスの食品小売市場におけるシェアはいずれも10%程度で[※9]、それほど寡占化は進んでいない。地方都市を中心に展開するスーパーマーケットチェーンもたくさん存在している。

また、日本は地域ごとに特化した産業クラスターが存在しているという特徴も有している。たとえば、福井県の鯖江市では眼鏡の生産と技術開発が盛んで、世界的にも有名な眼鏡産業の中心地となっている。他にも、福岡県久留米市の久留米絣《かすり》、石川県能登地域の金属加工や伝統的な工芸品の制作、岐阜県の美濃焼や三重県の伊賀焼といった陶磁器の製造など、全国各地にこうした産業が存在している。

かつて私は、シンガポール政府と協働で、日本の複数の産業クラスターとそれらを代表するいくつかの企業の抽出に取り組んだことがある。そして、ストーリー仕立てに組み上

※9　ダイヤモンド・チェーンストア「食品小売45兆円市場、寡占化&シェア率ランキング　ドラッグ急拡大!」

げた産業クラスターごとの沿革を添えて、Eコマースで商品の販売を始めた。少量多品種でエッジの効いた商品は、地域の歴史とともに受け入れられ、大変盛況だった。

本書で取り上げたゴジェックの事例もそうだが、パパママショップというレガシーを差し置いて新たな店舗を作るのではなく、**すでに存在しているレガシーを最大限生かすことができるのもデジタル技術の特徴**である。

⌘ 半径5キロ圏内の問題を解決して、コミュニティを復活させよう

現在、日本ではユニコーン企業を増やすためのさまざまな政策が施行されている。日本は世界的に見てもユニコーン企業の数が少ないので、グローバルに活躍できるスタートアップの輩出を後押しする政策は否定しない。

しかし、リージョン化が進展する現代における日本の最重要課題は、日本の特徴を最大限生かすためのDXだと考えている。そして、そのためのヒントは、本書で紹介した東南アジアのデジタル・フロンティアにある。

米国のGAFAMや中国のBATのような巨大プラットフォームが支配するような変革

は、日本には向いていないだろう。それよりも、地域に根差した半径5キロ圏内の問題解決を始めるところに日本変革への糸口がある。

これまで変革を起こすためには大規模インフラの構築が必要だった。自動車メーカーや家電メーカーによる系列サプライヤーの組織化やコンビニチェーンによるサプライチェーンの構築などである。

しかし、デジタル技術を活用すれば、そのようなインフラを構築しなくとも、イノベーションを起こすことができる。

進化する人工知能やロボットを活用すれば、人間が人間にしかできないことに取り組み、ひいてはコミュニティの復活に集中できるようになる。

一人ひとりが主役となって改革を起こす

現代の社会問題は、少子高齢化による人口減少、社会保障費の増大、地球温暖化による異常気象など、挙げればきりがない。ある日突然黒船がやってきたり、もしくは救世主が現れてこれらを解決してくれたりすることも期待できないだろう。

なぜならば、グローバル化の進展によって、世界の相互依存度が高まり、問題解決の難易度が飛躍的に高まったからである。事実、コロナ禍やロシアによるウクライナ侵攻による産業界への影響は計り知れないものだった。

しかし、決して悲観することはない。なぜならば、現代の我々は、誰でも簡単に使えるデジタル技術を有しているからである。その結果、一人や少人数でできることが圧倒的に増えた。

テレビ局でなくても動画を制作して世界中に配信することができる。SNSで有志を募り、電気自動車を作ることもできる。プログラミングを勉強していなくても、生成AIがプログラムを書いてくれる。権力者や特権階級でなくても、多くの情報にアクセスすることができる。

そして、デジタル技術を使えば、身近な成功を日本全国に広め、さらには国を超えたリージョナルな活動へと展開することもできるだろう。**日本は世界のトップランナーではなくなったかもしれないが、世界に誇れる強みを数多く有している。**

本書が、読者の皆さんが主役となって皆さんの地域や組織で改革を起こすためのヒントとなれば幸いである。

最後に本書の構想段階から多大なるご尽力をいただいた吉村健太郎さんをはじめとするＰＨＰ研究所の皆さん、インタビューにご協力くださった皆さん、原稿へのコメントをくださった皆さんに、心より謝意を表したい。

参考書籍

『世界共和国へ：資本＝ネーション＝国家を超えて』（2006）柄谷行人著（岩波新書）
『比較制度分析序説　経済システムの進化と多元性』（2008）青木昌彦著（講談社学術文庫）
『CODE VERSION 2.0』（2007）ローレンス・レッシグ著（翔泳社）
『社会的共通資本』（2000）宇沢弘文著（岩波新書）
『［新訳］最前線のリーダーシップ――何が生死を分けるのか』（2018）ロナルド・A・ハイフェッツ、マーティ・リンスキー著（英治出版）
『経営リーダーのための社会システム論～構造的問題と僕らの未来～』（2022）宮台真司、野田智義著（光文社）
『DXの思考法　日本経済復活への最強戦略』（2021）西山圭太著（文藝春秋）
『なぜローカル経済から日本は甦るのか　GとLの経済成長戦略』（2014）冨山和彦著（PHP新書）
『構想力が劇的に高まる　アーキテクト思考――具体と抽象を行き来する問題発見・解決の新技法』（2021）細谷功、坂田幸樹著（ダイヤモンド社）

【巻末付録】東南アジアの DX を知るための情報源

名称	概要	URL	言語
Tech in Asia	アジア（中国・インドを含む）のテック・スタートアップに特化したメディア。アナリストによる質の高いオリジナル記事を配信。DB には 65,000 社以上のスタートアップや世界中の投資家の情報を格納。アジア最大級のテックイベント「Tech in Asia」を複数都市で主催	https://www.techinasia.com/	英語
e27	東南アジアのテック・スタートアップに特化したメディア。財閥の取り組みなども含む東南アジアでのテクノロジーに関するオリジナル記事を配信。DB には 35,000 社以上のスタートアップや 1,700 社以上の投資家の情報を格納。アジア最大級のテックイベント「Echelon」を主催	https://e27.co/	英語
Kr-Asia	アジア（中国・インドを含む）のテック・スタートアップに関するオリジナル記事を配信するメディア。スタートアップ探索やカスタムイベントの開催支援なども実施。同社が日経新聞と提供する「36Kr Japan」は中国のテック・スタートアップに特化した日本語のメディア	https://kr-asia.com/	英語
The Ken (SEA)	東南アジアのテック・スタートアップに関するオリジナル記事を配信する有料会員制メディア。経験豊かなジャーナリストと企業家によって構成されるチームが独自の取材に基づき、鋭い切り口から分析した記事を配信	https://the-ken.com/sea/	英語
2023 EMERGING TECH TRENDS IN ASIA	アジア（中国・インド含む）のテック業界に関する投資のトレンドを図表を交えてわかりやすく解説したレポート。東南アジアにおける主要な動きを中国、インドと比較して把握できる	https://www.globalprivatecapital.org/research/2023-emerging-tech-trends-in-asia/	英語
SPEEDA	個別企業の概要、財務情報、M&A 実績などに加え、最新ニュース、エキスパートが執筆した業界レポートなどを配信。エキスパートへの質問やインタビューも実施可能	https://www.ub-speeda.com/	英語／日本語
NNA Asia	アジア（中国・インド含む）の最新情報をリアルタイムに配信。各国の拠点に所属する記者が独自の取材に基づいて記事を執筆。国や業界ごとのレポートも出版。DB には各種統計データや企業データを格納	https://www.nna.jp/	日本語
時事速報アジア版	アジア（中国・インド含む）の最新情報をリアルタイムに配信。各国の拠点に所属する記者が、提携外国通信社や現地紙の報道から日本企業に関連する記事を選別し、独自の取材に基づいた記事も執筆	https://jijiweb.jiji.com/info/asia_info.html	日本語
JETRO 国別基本情報	国ごとの人口、GDP、給与、外資規制などの基礎情報から、業界に特化した各種レポートまでを幅広く網羅	https://www.jetro.go.jp/world/asia/	日本語
東南アジア発・日本企業の「両利きの経営」分析	日本企業 30 社以上へのヒアリングに基づく東南アジアでの新規事業・イノベーション創出を成功に導く要諦について解説したレポート。幅広い業界の豊富な事例が含まれる	https://www.jetro.go.jp/world/reports/2022/02/af0eb5500bd60105.html	日本語
BRIDGE Singapore Business News	シンガポール経済開発庁（EDB）が運営するメルマガの「BRIDGE Singapore Business News」では、Industry 4.0、スマートシティ、オープンイノベーションなどをリードする日系企業の最新事例、関連情報、及び業界トレンドやニュースを紹介	https://www.edb.gov.sg/ja.html	日本語

坂田幸樹（さかた・こうき）
株式会社経営共創基盤（IGPI）共同経営者（パートナー）、IGPIシンガポール取締役CEO
早稲田大学政治経済学部卒、IEビジネススクール経営学修士（MBA）、ITストラテジスト。大学卒業後、キャップジェミニ・アーンスト＆ヤングに入社。日本コカ・コーラを経て、創業期のリヴァンプ入社。アパレル企業、ファストフードチェーン、システム会社などへのハンズオン支援に従事。その後、支援先のシステム会社にリヴァンプから転籍して代表取締役に就任。
退任後、経営共創基盤（IGPI）に入社。2013年にIGPIシンガポールを立ち上げるためシンガポールに拠点を移す。現在は3拠点、8国籍のチームで日本企業や現地企業、政府機関向けのプロジェクトに従事。

装丁◆山之口正和（OKIKATA）
本文デザイン・図表◆齋藤稔（株式会社ジーラム）
編集◆吉村健太郎

デジタル・フロンティア

米中に日本企業が勝つための「東南アジア発・新しいDX戦略」

2023年9月7日　第1版第1刷発行

著者　坂田幸樹
発行者　永田貴之
発行所　株式会社PHP研究所
東京本部　〒135-8137　江東区豊洲5-6-52
ビジネス・教養出版部　☎03-3520-9619（編集）
普及部　☎03-3520-9630（販売）
京都本部　〒601-8411　京都市南区西九条北ノ内町11
PHP INTERFACE　https://www.php.co.jp/
組版　石澤義裕
印刷所　製本所　大日本印刷株式会社

ISBN978-4-569-85564-6

PHPの本

アウトプット思考

1の情報から10の答えを導き出すプロの技術

内田和成 著

情報過多の時代だからこそ「捨てる勇気」を持て！トップコンサルが実践してきた「アウトプットから始める」知的生産の極意を明かす。

定価 本体一、五〇〇円（税別）